JEAN-CLAUDE NOBIS

LE LIVRE DE L'AURA

de la compréhension à la vision de l'aura

RECTO
Editions VERSEAU

Du même auteur,
chez le même éditeur :

MEDITATIONS GUIDEES
AVEC LES COULEURS

LE TAROT DES COULEURS
(livre + jeu de cartes)

Collection dirigée par Edmonde Klehmann
Photolithographie : Thiong-Toye & Ass.
Imprimerie : Icobulle - Bulle (Suisse)

Deuxième édition : 1993

ISBN : 2-88343-048-9

TABLE DES MATIERES

Quatrième partie
LA POLLUTION DE L'AURA

Cinquième partie
VOIR L'AURA

Sixième partie
HARMONISER ET GUERIR L'AURA

« Nous prions pour que les mots que nous employons ne soient pas seuls à vous transmettre le message des mondes supérieurs, et nous espérons imprégner vos âmes et vos esprits de la force du monde de Lumière et d'Amour. »

- Aigle Blanc

INTRODUCTION

Ce livre nous parle à tous et s'adresse à notre âme, à notre intelligence et à notre amour de la vie.

Au seuil de grandes évolutions, l'homme souhaite et attend toujours un guide.

Il est maintenant conscient que c'est lui son propre guide, mais il ne peut se diriger seul car les conseils venant de sa partie divine ne lui sont pas encore accessibles.

L'auteur a essayé de concevoir un manuel pratique pour permettre à chacun, à son rythme, de trouver ce qui peut lui correspondre dans l'instant. Il s'agit de vivre chaque chapitre comme les étapes d'une évolution, non pas pour accumuler davantage de savoir, mais comme une possibilité de retrouver cette source intérieure qui fait de nous un être merveilleux, c'est-à-dire faire grandir en chacun de nous le beau, le bon, le vrai, laisser tomber progressivement nos conditionnements, nos concepts erronés, nos dépendances, etc.

Ce livre a été conçu pour ceux qui osent et aussi ceux qui n'osent pas encore entrer dans le processus de liberté intérieure.

Si vous vous unissez avec la Source de l'Etre, le « Je Suis » est toujours avec vous.

PREMIERE PARTIE

L'AURA

Je suis disposée a
aider du mieux
que je peux, mais
j'ai "<u>horreur</u>" me
sentir utilisée à
bon marché.
L'exploitation, je
déteste. A travail égal,
Salaire égal. Ce n'est
nullement une faveur;
Seulement la "Justice".

CHAPITRE PREMIER

QU'APPELLE-T-ON L'AURA ?

L'aura est une énergie lumineuse subtile qui entoure et enveloppe tout être vivant.

C'est un halo lumineux de couleurs variées, correspondant à nos aspirations les plus fortes et à notre expérience et notre évolution.

L'aura est en constante mouvance, comme des émanations brillantes et luminescentes.

Elle nous fait être spontanés envers certains êtres humains ou plus prudents, réservés ou franchement antipathiques envers d'autres, selon les similitudes composant les vibrations de notre propre aura.

Il vous est certainement arrivé de rencontrer quelqu'un pour la première fois, même seulement de le croiser, et de sentir une profonde sympathie, ou être désireux de dialoguer avec lui, de faire plus ample connaissance et d'avoir envie de lui témoigner votre affection comme à un parent ou à une bonne connaissance.

Le phénomène inverse peut aussi se produire : une profonde aversion ou le sentiment d' être comme agressé par le contact aurique avec certains êtres. Mais cela est heureusement plus rare et, dans de tels cas, vous verrez plus loin comment agir convenablement.

Le dicton « qui se ressemble, s'assemble » s'applique parfaitement ici.

L'aura est une énergie vibratoire en constant mouvement, elle va être amenée à rechercher et fusionner avec une énergie ayant la correspondance vibratoire la plus proche possible et la plus semblable à sa propre aura.

Elle va entrer dans l'échange, ne serait-ce qu'un bref instant, avec cette autre aura, et va se nourrir et se satisfaire de toutes les analogies qu'elle trouvera dans l'autre.

Si l'aura qui se trouve en face de la nôtre nous écrase par sa présence, nous allons nous rebeller puis essayer de nous mettre à sa hauteur vibratoire, ce qui prendra un temps plus ou moins long. De même, si elle semble affaiblie ou vulnérable, nous prendrons une attitude qui impose et provoquera la réaction identique à celle que nous aurions eue à sa place, la rébellion.

Il existe beaucoup d'auras affaiblies et en demande d'aide, elles auront tendance à trouver ce qui peut les apaiser dans les auras de ceux qu'elles rencontrent et seront en constante recherche de nouvelles énergies pour se nourrir.

Ainsi une aura est vivante et se nourrit d'énergies qui sont bonnes pour elle.

L'aura se fait donc l'écho de notre état d'être sur les plans du mental, des sentiments, de la vitalité et du physique.

L'aura est une enveloppe vivante constituée d'énergies de nos sept plans d'existence qui, comme une respiration, nous attire, nous entraîne vers un choix ou nous éloigne, nous exclut d'un autre.

Elle se trouve autour du corps entier, plus large et visible autour de la tête, plus fine autour des pieds.

CHAPITRE 2

DE QUOI EST COMPOSEE L'AURA ?

L'aura est une luminescence entourant le corps physique de tout ce qui vit sur terre et dans l'univers.

Une pierre, une plante, une fleur, un animal et bien sûr l'être humain ont une aura.

Cette luminescence représente un volume plus ou moins grand selon le degré de conscience de chaque individu.

Cette luminescence est composée :

- de particules de lumière,
- d'énergies individuelles,
- de formes imagées,
- de zones de turbulences.

- LES PARTICULES DE LUMIERE

qui composent une aura proviennent de l'espace nous environnant et sont captées par nos récepteurs que nous appelons le plus souvent chakras ou centres d'énergies, ainsi que par nos différents corps (mental, émotionnel, vital, physique), selon la correspondance vibratoire avec notre état d'esprit.

Par exemple, si nous sommes remplis de joie et de bonheur, si nous nous sentons tel ou tel jour en « état de grâce », alors nous allons capter dans l'aura tout ce qui vient dans notre espace et qui a une similitude ou une relation avec cet état ! et tout ce que nous entreprendrons réussira.

Pourquoi seulement un jour ? et les autres jours ?

Nous pourrions dès maintenant nous interroger et nous demander quels moyens mettre en œuvre afin que tous les jours de notre vie, nous puissions être dans les mêmes conditions que ce jour béni qui a croisé notre chemin de vie à un moment ou à un autre.

Afin d'apporter à notre aura des particules lumineuses de vie, nous pouvons déjà commencer résolument, à la lecture de ces quelques phrases qui agissent dans notre conscience, à entrer dans l'action secrète et intime qui consiste à mettre toutes les conditions nécessaires pour que toutes les bonnes vibrations inondent naturellement notre vie et embellissent notre aura dans chaque instant de notre existence.

Nous avons dit que nous étions des capteurs, des récepteurs et que nous étions sensibles à tout ce qui entre en résonance avec notre propre aura.

Ainsi nous pourrions le matin au réveil, avant toutes les autres propositions de la vie, nous installer pour la journée dans les meilleures conditions mentales, émotionnelles et physiques pour l'accomplissement de notre tâche.

Nous pourrions utiliser ces phrases par exemple, mais il en existe beaucoup d'autres :

> « **La lumière qui m'entoure et m'habite produit désormais des résultats parfaits dans chaque aspect de ma vie.** »

> « **Je suis en union avec ma nature suprême et elle m'apporte vie, santé, bonheur et prospérité.** »

> « **Mon Grand Soi me guide dans chacune de mes actions et tout est pour le mieux.** »

Si vous consacrez avant de vous lever le temps qu'il faut pour vous identifier parfaitement à cet état, alors la vie prendra la tournure énoncée au premier moment conscient de ce jour. Ainsi une nouvelle vie va commencer et votre aura sera belle, lumineuse, invulnérable et il vous semblera que tout ce qui était difficile hier est facile aujourd'hui. En fait, chaque jour les épreuves sont identiques, seule notre manière de les vivre peut être différente. Si nous osons agir ainsi, les *épreuves* se transforment en *preuves* .

Preuve que nous avons bien fait d'agir ainsi et preuve que ce moyen est facile à utiliser et efficace pour moi.

« Ah, je sais tout cela, nous connaissons déjà, mais cela n'a pas marché ! »

Aurions-nous déjà eu la force et la patience nécessaires afin de construire un rythme nouveau dans notre vie.

Comme l'ouvrier revient sans cesse et sans cesse sur sa tâche et finit par réaliser une œuvre extraordinaire.

Ainsi nous pourrions trouver un temps, même dans les moments les plus difficiles, pour faire cet exercice, dans la nature si possible. Cela serait très profitable pour nous.

Bien sûr, personne ne pourra se décider pour vous, mais aujourd'hui c'est *votre jour* pour commencer.

- LES ENERGIES INDIVIDUELLES

sont celles que nous avons construites et obtenues durant nos nombreuses expériences dans les vies passées et qui viennent maintenant nous soutenir et nous apporter une aide positive dans les découvertes de notre vie actuelle.

Lorsque pendant nos vies antérieures nous avons expérimenté, compris et intégré une qualité comme la tolérance, dans cette nouvelle aventure qu'est la vie présente, cet acquis constituera pour nous comme un atout important et teintera notre aura d'une couleur révélatrice de cet état. Toutes ces énergies ont une vie et c'est nous qui l'entretenons.

- LES FORMES IMAGEES :

chaque forme concrète provient d'une idée devenue image avant d'être matérialisée. Chacune de nos pensées, selon son intensité, produit d'abord une forme imagée. C'est-à-dire que l'idée qui se présente à notre esprit et à laquelle nous aurons donné un certain intérêt se construit en forme-pensée dans l'aura du plan mental.

Si nos aspirations de l'instant se trouvent concentrées, focalisées sur un projet de construire une maison, nous trouverons dans la sphère de l'aura mentale, les esquisses si le projet est récent, ou la conception exacte si la réalisation est sur le point d'aboutir. Puis, lorsque les énergies sont orientées dans la matérialisation, la forme-pensée s'estompe et finit par disparaître et faire place à une autre image. Toutes ces formes proviennent des idées que nous recevons.

Nous pouvons avoir plusieurs formes imagées dans notre aura mentale, mais c'est l'image la plus désirée ou souhaitée qui est la mieux nourrie et donc la plus visible. Toutes les formes imagées proviennent de nos pensées et se réalisent selon l'intensité que nous ressentons de les voir exister.

- LES ZONES DE TURBULENCES

peuvent se trouver dans l'aura, faisant comme des interférences ou des spirales en général de couleurs ternes et sales, qui sont des symptômes de troubles ou de disharmonies annonçant ou confirmant une maladie plus ou moins grave.

Des turbulences sont aussi occasionnées par nos difficultés à assumer nos états émotionnels ou mentaux. Le stress, la pollution, le bruit, la colère, la jalousie, etc., provoquent des troubles et des déformations importantes de notre aura, la teintant de couleurs fades et sans luminosité.

Un chapitre important sera consacré à la purification et l'harmonisation de l'aura.

L'aura ainsi soumise régulièrement à des pollutions physiques, émotionnelles ou mentales se rapetisse, se couvre de blessures, de déchirures dans lesquelles s'engouffrent les vibrations en correspondance avec la pollution et empoisonne notre vie, diminuant ainsi notre vitalité et assurant de moins en moins son rôle de protection, puisqu'elle n'est plus nourrie de particules d'énergie émanant de la source universelle de vie.

Tout ce que nous pensons, désirons, faisons en bien ou en mal à nous-mêmes s'inscrit dans notre aura et la teinte des couleurs en correspondance.

CHAPITRE 3

LES AURAS ET LES CORPS

Nous avons jusqu'à présent parlé de l'aura, dans laquelle se trouvent interpénétrés plusieurs états dont le mental, l'émotionnel, le vital et le physique.

Il serait plus juste de dire que chaque plan de notre potentiel dans l'existence dégage une énergie appelée aura. En fait nous avons plusieurs auras, elles sont au nombre de sept et sont en correspondance avec nos sept corps qui sont :

- le corps physique,
- le corps éthérique,
- le corps émotionnel,
- le corps mental,
- le corps de l'Ame,
- le corps du Moi Supérieur,
- le corps du « Je Suis » - « Parfait et réalisé ».

Les sept corps sont contenus dans notre enveloppe physique qui est la plus extérieure de toutes et aussi la seule visible par tous. Ces sept corps sont emboîtés les uns dans les autres comme des poupées russes et sont de nature de plus en plus subtile et invisible à nos yeux humains, de moins en moins palpable par les organes des sens.

LE DEVELOPPEMENT DES CORPS

Tous les corps que nous allons étudier sont indispensables et irremplaçables, ils ont tous un rôle extrêmement précis et déterminant à jouer dans notre vie. En devenant plus conscients de leurs besoins, nous irons vers une harmonie plus grande, plus profonde et plus durable.

Le corps physique

Le corps physique est le corps le plus dense, le seul que nous pouvons voir naturellement et facilement. Il est composé des mêmes matériaux et agit de la même façon que tout ce qui vit dans l'Univers.

Ce corps est indispensable parce qu'il nous permet l'action dans le monde de matière dans lequel nous vivons.

Il est constitué d'atomes qui sont les éléments les plus petits, qui ont la même image et le même symbole que le plus grand atome connu par nous, le Soleil.

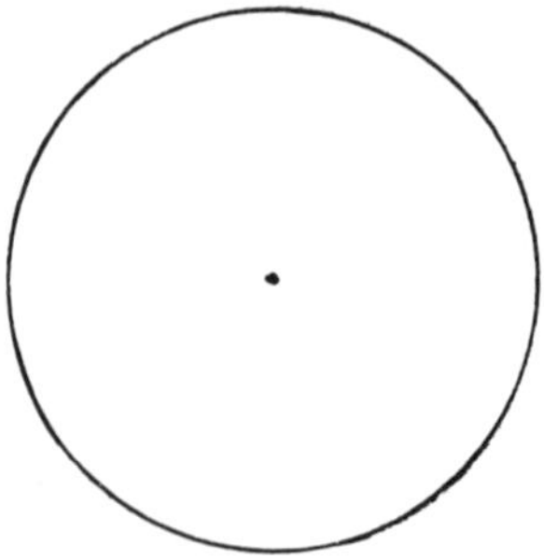

Ce symbole est aussi celui du Créateur (l'un et le tout, l'infiniment grand et l'infiniment petit).

Ces atomes vivent en familles et se retrouvent dans les différents éléments constituant notre corps physique. Ils sont composés d'électrons qui sont des substances lumière et se nourrissent comme tout ce qui vit dans l'Univers de lumière colorée qu'ils puisent dans le grand réservoir que leur offre la nature.

Le corps physique s'alimente en particules colorées grâce à :

- la respiration,
- la lumière solaire,
- l'alimentation.

Ces modes de fonctionnement lui donnent la possibilité de se nourrir correctement en énergies et vibrations entretenant les fonctions vitales de l'organisme.

Comme nous vivons dans un monde fait de matières densifiées, nous avons besoin d'une enveloppe de la même consistance pour pouvoir évoluer au sein de ce monde.

Lorsque cette enveloppe ne peut plus assurer son rôle par trop de fatigue et d'usure, alors nous quittons celle-ci, qui retourne dans sa matrice originelle qu'est *la matière terre*, « la mater ».

Illuminez vos atomes avec la lumière solaire, nourrissez-vous de l'or du Soleil !

Le corps éthérique

Le corps éthérique est comme un réservoir qui contient toute l'énergie dont nous disposons pour exprimer dans une vie terrestre le besoin d' évoluer de l'âme.

Cette énergie doit être économisée et utilisée avec beaucoup de soin, ce qui n'est malheureusement pas le cas dans notre monde. En effet, nous allons quotidiennement dépenser nos énergies pour plus de confort, de bien-être, pour constater que nous ne profitons pas de l'essentiel et qu'il ne nous reste plus assez de forces pour nous épanouir et faire ce que nous aurions toujours souhaité faire. Alors l'espérance moyenne de vie sur terre a diminué. Il fut une époque où nous vivions jusqu'à 400 ans et plus, par le seul fait que nous étions plus économes de nos énergies éthériques ou vitales. Peut-être aussi que, connaissant l'usage inconscient que nous faisons de nos forces vitales, le plan supérieur décide de ne nous donner que ce que nous serons capables de gérer d'une façon suffisamment équilibrée au cours d'une vie.

Cette énergie éthérique est comme l'électricité dans notre habitation. Quand nous sortons d'une pièce, nous éteignons les lampes, il ne nous viendra jamais à l'esprit de les laisser allumées nuit et jour. Pourtant c'est ce que nous faisons durant toute notre vie, alors le vieillissement, l'usure se font plus présents et diminuent nos forces vitales jusqu'à la mort.

Le corps éthérique fournit le corps physique en énergie vitale et lui permet de se mouvoir dans l'action.

Dans le corps éthérique de l'homme, comme dans le corps éthérique de la Terre, s'enregistrent tous les actes accomplis dans cette vie et dans les vies passées. Tout reste en mémoire, nos expériences heureuses et malheureuses, tout est noté.

C'est ce film que nous revoyons après l'accomplissement d'une vie avant de la quitter. Souvent, après avoir vu cela, nous voudrions avoir encore un peu de temps pour réparer nos erreurs, mais ce n'est hélas plus possible, nous n'avons plus assez de potentiel vital pour permettre cette tâche, il faudra attendre la prochaine incarnation. C'est ce que l'on appelle le karma, mot sanscrit qui veut dire : dettes contractées par le passé que nous devons régler avant d'investir dans autre chose.

Soyez attentif à utiliser vos énergies avec justesse pour votre embellissement !

Le corps émotionnel

Le corps émotionnel, comme son nom l'indique, est le monde des émotions, le mot clé de ce monde est PAIX.

Le monde émotionnel est le monde de l'image, de l'illusion, du mirage. Comme un miroir, notre$monde émotionnel nous renvoie l'image exacte de ce que nous sommes dans l'instant.

Notre corps émotionnel vit et se nourrit des émotions que nous exprimons et de celles qui sont semblables aux nôtres.

Dans notre vie actuelle, nous avons un besoin constant d'être reconnus et aimés et nous faisons agir notre corps émotionnel pour y parvenir, en imitant les autres et en leur ressemblant (les modes) et par là en perdant notre propre identité. En devenant comme les autres, nous sommes dans l'illusion, bien que nous puissions être intimement convaincus que c'est notre réalité, et rien ni personne ne pourra nous enlever cette croyance.

Alors les épreuves de la vie viennent nous proposer une autre vision des choses et le changement peut être douloureux selon notre résistance à nous défaire de ces fausses images.

L'aura émotionnelle est celle qui est la plus perturbée chez l'être humain, elle est en constante effervescence et les repos bien courts que nous lui accordons ne suffisent plus à l'apaiser.

Le corps émotionnel, est le corps de paix, c'est à travers lui que nous exprimons les plus grandes qualités christiques d'Amour, de Paix, de Sagesse.

Pour cela, sachez vivre en Paix et reconnaître dans votre corps émotionnel uniquement les qualités qui lui sont attachées.

Vivez dans la Paix !

Le corps mental

Le corps mental, c'est le monde de la pensée,

« Comme je pense, comme je suis. »

Ce monde mental est le monde des idées. D'où viennent-elles ?

Sont-elles encore pures et en parfaite correspondance avec l'original ? Toutes ces questions sont là pour nous permettre de comprendre que les idées, que nous réceptionnons comme un télégramme sur le téléscripteur qu'est notre cerveau, viennent des plans supérieurs de notre être, qui nous envoient une bande d'informations que nous allons décoder et qui va se transformer en une idée. L'idée est un germe qui mûrit et porte ses fruits.

L'idée est un film qui se déroule sous nos yeux avec un début et une fin que nous pouvons capter en entier. Mais souvent nous n'en visualisons qu'une partie parce qu'aussitôt notre mental va construire autour de l'idée son scénario, alors que s'il avait été plus patient, il aurait vu toutes les scènes et serait entré dans l'action avec plus de réalisme.

C'est dans le corps mental que s'est installé le concept de séparation à travers la dualité qui divise au lieu d'unir.

Ce concept s'exprime dans le mental à travers l'idée créée intuitivement et l'idée créée intellectuellement.

Ce sont deux antagonistes dans notre monde actuel, alors que le second devrait être au service du premier.

Ils font partie tous les deux du même monde mental.

L'intuition exprime l'idée captée dans son intégralité et
l'intellect ou l'intelligence met en œuvre l'idée pour
qu'elle puisse devenir une réalité. Chacun d'eux joue un rôle que l'autre ne peut assumer à sa place. Nous devons rééduquer notre corps mental afin qu'il puisse fonctionner d'une manière plus juste.

Nous sommes devenus trop intellectuels et nos idées sont éphémères et stériles, à court terme, elles donnent des résultats, mais à long et même moyen terme elles ne résistent pas aux changements incessants que nous impose la vie intellectuelle. En prenant le temps de mieux écouter et voir le film de nos idées intuitives et les réaliser grâce à notre intelligence, nous pourrions commencer à construire durablement pour notre futur un monde harmonieux.

Cela pourrait être le début de la nouvelle ère, de l'âge d'or tant annoncé.

Que chacun de nous puisse commencer en toute humilité dans sa sphère d'action à mieux écouter pour mieux réaliser,

« Ne nous laissons plus faire parce qu'il faut faire ! »

Osons créer par notre propre décision le monde nouveau.

Les quatre corps que nous venons de décrire, physique, éthérique, émotionnel et mental, sont ceux que nous devons purifier, afin qu'ils deviennent des expressions parfaites et pures des corps supérieurs que nous allons étudier maintenant.

Le corps de l'âme

Le corps de l'âme est celui qui réunit en lui la somme des expériences constructives qui ont servi à l'évolution de l'humain sur terre durant son séjour, ces réalisations enrichissantes viennent se rajouter à tous les acquis du passé pour constituer ce corps.

Le corps de l'Ame à un dessein et s'enrichit et accumule les qualités et vertus liées à ce dessein jusqu'à ce que sa mission soit remplie, alors il réintègre l'origine des causes et devient un avec son Créateur.

Au cours de ses expériences à travers un corps de matière, l'Ame intensifie et agrandit son corps des lumières les plus pures.

Ce corps et son aura sont d'une beauté resplendissante, avec des fontaines de couleurs multicolores, jaillissantes et apaisantes; ils sont teintés plus précisément des couleurs correspondant à notre rayon d'incarnation sur terre.

Par exemple, si l'Ame vient évoluer à travers l'homme avec un esprit scientifique durant les incarnations répétées où il exercera ses talents de scientifique, le corps de l'Ame s'enrichira particulièrement de la couleur correspondant à ce rôle et sera prédominante dans ce corps et dans l'aura.

Le corps du moi supérieur

Le corps du moi supérieur est ce que l'on appelle généralement l'Ange gardien, il renferme toutes les qualités d'une conscience pure et parfaite. Il est notre observateur silencieux, c'est un être vivant et parfait qui joue le rôle de transformateur. C'est-à-dire qu'il rend accessible pour le corps physique en incarnation les énergies puissantes et pures du corps divin « Je Suis ».

Le corps du Moi Supérieur est aussi l'étincelle divine en chacun de nous.

Ainsi nous devons comprendre pourquoi il n'est pas suffisant de croire en Dieu, mais que chacun doit DEVENIR DIEU dans son propre environnement.

Nous devons être un calice pour qu'Il puisse se manifester et diriger toutes nos affaires matérielles.

C'est le rôle du Moi Supérieur auquel nous laissons peu la possibilité d'accomplir sa tâche.

Le corps du « JE SUIS »

Le corps du « Je Suis » est notre présence divine individualisée avec laquelle nous pouvons parler et qui entend et répond à nos appels. La présence divine « Je Suis » ne fait qu'une avec le grand « Je Suis », constamment relié à LUI.

Il distribue sans arrêt la Perfection de Dieu dans la forme.

Si la conscience individualisée dans la forme voulait bien rester attentive à sa Source, la présence « Je Suis » la perfection serait toujours manifestée dans la vie de l'homme.

Cela revient à rester conscients à chaque instant que le Je Suis est la Source qui ne tarit jamais et lui permettre de se manifester dans tout ce que nous faisons.

***

Les trois corps les plus subtils, le corps de l'Ame, le corps du Moi Supérieur, le corps du « Je Suis » sont les réceptacles des énergies les plus fines, les plus hautes en vibration, en correspondance et union permanente avec la Source et l'Origine de notre existence; principe fondamental de toute vie dans l'Univers que l'on peut appeler Dieu d'où émane la trinité Père, Mère, Fils, représentée dans notre vie par ces trois corps subtils cités plus haut.

Ces trois corps purs et exempts de toute souillure conservent les principes et les acquis des enveloppes inférieures en expérience sur le plan terrestre.

Ils animent et vivifient les corps de densité plus importante qui vivent sur la Terre qui sont :

- le corps mental
  qui reflète l'Esprit du Père,
- le corps émotionnel
  qui reflète l'Esprit du Fils,
- le corps physico-éthérique
  qui reflète l'Esprit de la Mère.

C'est cette trinité qui nous intéresse le plus dans la vie et que nous allons apprendre à mieux aimer, organiser et faire vivre harmonieusement.

Chacun de ces corps vivants se nourrit d'énergies et s'expriment sur des niveaux différents de la conscience dualiste qui sont : - la personnalité et l'individualité.

En effet, nos corps mental, émotionnel, physique ont été conçus afin de représenter et suivre les directions proposées par la trinité supérieure. Ces trois plans de conscience sont l'Esprit Divin vivifiant toute chose.

LES SEPT CORPS

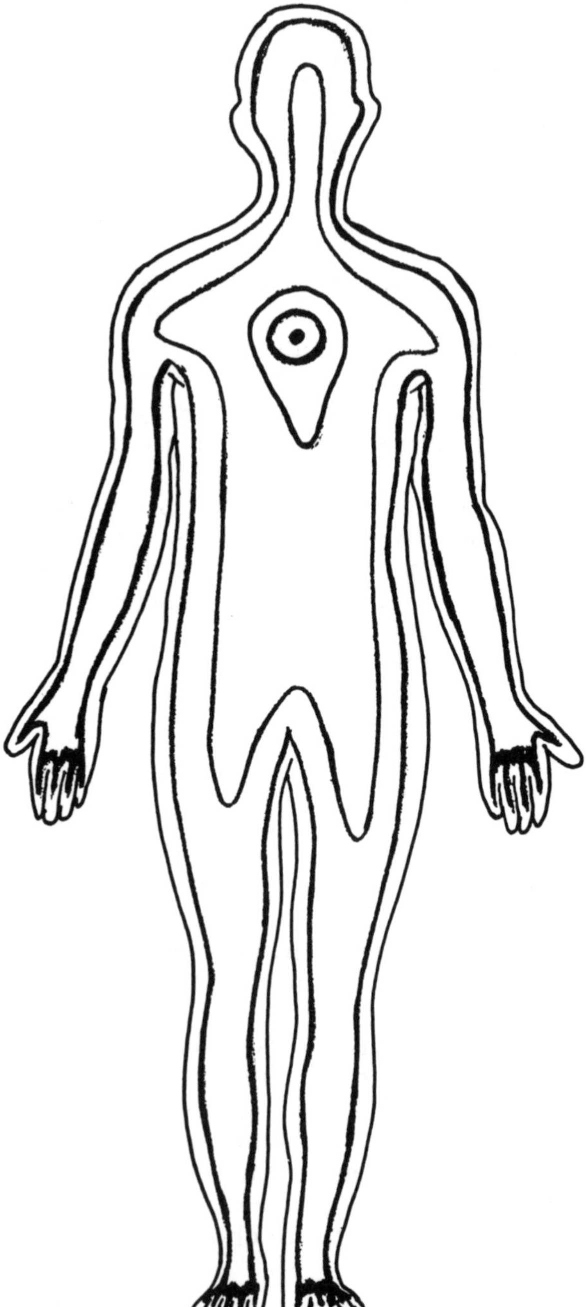

Notre libre arbitre qui est en fait la *liberté d'action* nous offre d'agir et d'aller suivre les expériences et aventures que nous décidons nous-mêmes, avec les conséquences, les avantages et inconvénients qui les accompagnent.

« En agissant d'une certaine façon, je vais enclencher des réactions en correspondance. En m'accordant la réflexion ou *la liberté d'action* , je pourrai mieux entendre mon intuition et la suivre avec confiance. Je verrai plus facilement les émotions arriver dans mon espace et je serai plus vigilant pour ne pas me laisser entraîner par elles. Je m'efforcerai de moins m'attacher aux phénomènes et signes extérieurs qui sont comme je le sais éphémères et périssables à plus ou moins long terme, je chercherai plus à utiliser mon énergie dans des actions enrichissantes pour moi et me permettant d'aider les autres. »

Ainsi dans chaque être se trouve une dualité et une opposition entre l'individualité et la personnalité.

Notre individualité a été comme cachée, occultée, oubliée et, quand elle se manifeste, elle vient apporter tant de controverses que nous préférons souvent la renvoyer où elle était cachée, parce que cela changerait trop de choses et remettrait tout en cause et nous n'avons pas encore ni le courage ni la force d'agir ainsi.

Mais attention, car plus nous attendons, plus nous reculons la tâche qui nous est donnée, plus il faudra de forces et de courage pour l'accomplir et laisser les anciennes peaux qui nous habillent pour l'instant.

Notre personnalité, elle, est plus extériorisée, plus vivante semble-t-il, plus accessible, elle se nourrit de nos acceptations et de nos convictions personnelles souvent construites de toutes pièces sans aucun fondement ou vérité intérieure.

En fait, la personnalité demande à être bien éduquée et il est nécessaire de lui apprendre les bonnes bases, afin qu'elle puisse les utiliser et les appliquer dans le quotidien.

L'individualité pourra lui donner toutes les indications nécessaires pour mener à bien sa tâche.

La clé de voûte de cette synthèse dualiste se trouve dans le mot *conscience*.

Nous pourrions peut-être encore mieux synthétiser ces réactions de la conscience à travers le tableau ci-dessous :

CORPS	**REACTIONS CONSCIENTES DE LA PERSONNALITE**	**REACTIONS CONSCIENTES DE L'INDIVIDUALITE**
MENTAL	INTELLECT - SAVOIR	INTUITION - VERITE
EMOTIONNEL	IMPULSIONS INCONTROLEES	SERENITE - SAGESSE
PHYSICO-ETHERIQUE	EXTERIORISATION - PARAITRE	ACTION JUSTE - AMOUR

Ainsi, si nous avons encore tendance à utiliser notre esprit rationnel et une grande soif de connaître, d'apprendre, d'engranger des savoirs, essayons dès maintenant de plus écouter notre intuition, cette petite voix intérieure qui nous donne toujours l'information juste avant toute intellectualisation sur un fait.

Puissions-nous aussi commencer à ne plus laisser la porte de notre monde émotionnel ouverte à tous les vents, où tous les courants d'émotions qui nous entourent et s'engouffrent, soyons plus respectueux de notre monde émotionnel.

Et prenons grand soin de notre corps physique et énergétique en le respectant lui aussi, en veillant à lui accorder un rythme supportable, une hygiène plus adaptée pour sa santé.

Voici quelques principes élémentaires d'hygiène de vie de nos corps physique, éthérique, émotionnel et mental.

POUR LE CORPS PHYSIQUE,
nous pouvons commencer par :

- une alimentation saine, de préférence sans produits animaux (qui intoxiquent notre corps et obstruent nos intestins),
un juste équilibre de fruits et de légumes frais,
une cuisson très brève et douce pour une cuisine savoureuse,
des sauces légères,
une mastication très lente et des boissons chaudes ou tempérées mais non alcoolisées.

- un bon sommeil qui consistera en heures de régénération (avant minuit), et en heures de restructuration (après minuit).
Notre organisme se refaisant une santé dans les premières heures de sommeil, la plage horaire que l'on pourrait adopter serait de vingt-deux heures au matin cinq à sept heures, une constance dans ce rythme de repos nous assure aussitôt d'un bon équilibre.
Autant que possible dormez la fenêtre ouverte.

- Des soins de la peau quotidiens, attention à trop de maquillage qui finit par étouffer la peau et la vieillir.

- Veiller aussi à une bonne hygiène du corps et compléter par des massages réguliers mais pas trop fréquents.

- Du soleil pour tout le corps, il assainit et détruit les germes des maladies. Utilisez-le toutefois avec précaution car l'excès de soleil brûle et abîme la peau. Exposez-vous dans les moments où il est le plus doux, le moins à la verticale.

POUR LE CORPS ETHERIQUE

Toutes les indications concernant le corps physique sont valables, toutefois la lumière du soleil lui permettra de se régénérer et de se purifier. Veillez également à vous protéger du froid qui peut brûler le corps éthérique, de même que le chaud d'ailleurs.

Pour le corps physique et éthérique, nous pouvons également utiliser des bains de lumière pendant les saisons peu ensoleillées.

POUR LE CORPS EMOTIONNEL

Nous pourrions le considérer comme un grand miroir dans lequel se reflète tout ce que nous laissons passer devant lui, ce qui vient de l'extérieur (des autres) et aussi de l'intérieur (de moi-même).

Au fil de nos expériences, nous gardons en mémoire les souffrances du passé, ces expériences douloureuses pourraient être suffisantes pour chacun de nous si nous décidions avec courage d'éviter de les répéter.

Pour cela, soyons très vigilants devant tous les désirs qui viennent traverser à chaque instant notre horizon, soyons comme le contrôleur du train dont le métier consiste à vérifier que tous les voyageurs sont bien en règle afin de continuer leur voyage.

Prenons également le temps quotidiennement d'apaiser le corps des émotions, notre vie est stressante, mais c'est nous qui le voulons ainsi. Accordez-vous des temps de repos, allongé de préférence, ou très relaxé en écoutant une musique douce et apaisante, cela peut se réaliser en 10 à 15 minutes et vous serez transformé et reposé après cette relaxation.

POUR LE CORPS MENTAL

Comme pour le corps émotionnel, il est nécessaire de lui accorder du repos dans la journée, et de l'apaiser en écoutant une musique douce.

Il sera nécessaire pour lui aussi qu'un garde compétent et consciencieux soit présent pour ne laisser passer que les idées et pensées positives et enrichissantes pour soi, tandis que les autres poursuivent leur chemin sans qu'il ne leur soit accordé aucune importance.

Si nous faisons entrer dans notre esprit une pensée quelle qu'elle soit, elle va apporter automatiquement ses critères et ses arguments. A nous de ne pas laisser n'importe lesquelles de ces pensées entrer dans notre esprit.

Toutes les auras que nous allons décrire maintenant sont en parfaite correspondance avec les corps que nous avons décrits plus haut et le bon équilibre de chacun d'eux contribue à une aura plus lumineuse, plus apaisée, plus réceptive et plus protectrice.

L'aura physico-éthérique

L'aura physico-éthérique correspond à l'intérieur au système nerveux qui suit le même chemin que les méridiens énergétiques chinois et à l'extérieur à une radiance entourant le corps d'une lumière douce et colorée, allant en s'affinant vers les pieds et entourant ceux-ci.

Elle peut varier autour du corps de 1 à 20 cm et forme une auréole plus importante et plus visible autour de la tête.

Les couleurs sont susceptibles de différences d'un endroit à l'autre du corps (voir le chapitre concernant la lecture de l'aura). Cette aura nous renseigne sur la vitalité d'un corps. En effet, selon l'épaisseur et la lumière de l'aura éthérique, nous pouvons affirmer, et nous faire confirmer par la personne, que ce corps est plein de vitalité et d'énergie. A l'inverse une aura terne et plus fine révélera une personne fatiguée, malade ou déprimée.

L'aura émotionnelle

L'aura émotionnelle englobe le corps des pieds à la tête et son épaisseur varie pour un être ordinaire entre un mètre cinquante et deux mètres environ.

Elle est parsemée de taches, bosses, stries de couleurs plus ou moins vives, qui reflètent l'état de santé de ce corps à travers les blessures du passé qui ne sont pas pansées ou guéries et qui peuvent se trouver sur tout le corps.

Comme tout ce que nous vivons s'inscrit dans nos corps et se reflète sur nos auras, nous entrons ici en contact direct avec les causes originelles des maladies, chocs, blessures vécus antérieurement.

L'aura mentale

L'aura mentale enveloppe dans son cocon les précédentes auras et se développe pour un homme moyen jusqu'à deux mètres cinquante à trois mètres au-delà de l'épiderme.

Elle se centralise beaucoup autour de la tête et se révèle par une grande agitation et un dégagement de chaleur accompagné de zébrures sombres et violentes, ou par une grande sérénité et des couleurs pastel et lumineuses.

Dans l'aura mentale se trouvent toutes nos réflexions et formes-pensées sur lesquelles notre attention se trouve focalisée dans l'instant.

Quant aux trois auras des corps supérieurs, elles peuvent être considérées comme englobant toutes les dimensions de notre conscience universelle déjà existantes, mais pas encore éveillées dans notre réalité présente. Nous pourrions déjà les symboliser et les représenter comme des lumières colorées nous nourrissant continuellement de la substance de vie.

LES AURAS

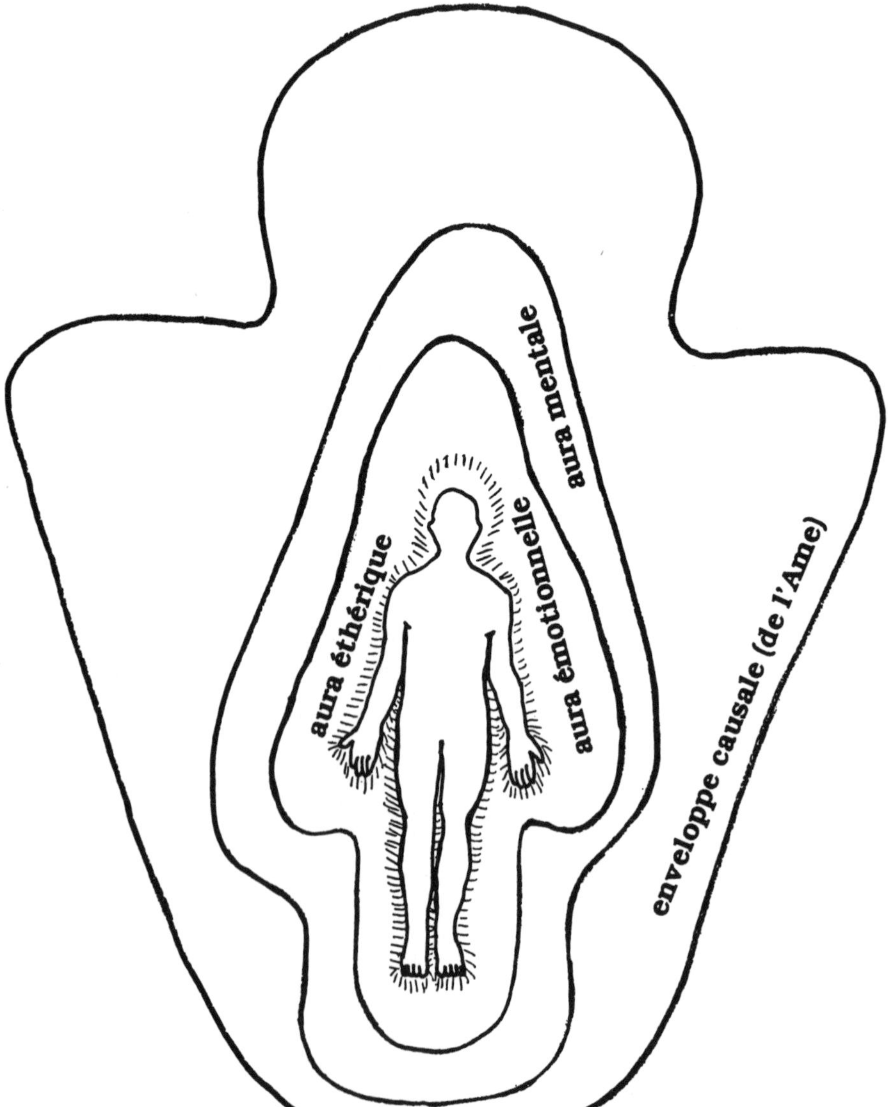
aura mentale
aura éthérique
aura émotionnelle
enveloppe causale (de l'Ame)

CHAPITRE 4

QUEL ROLE JOUENT LES AURAS ?

Comme les sept atmosphères qui entoure la Terre, nos enveloppes personnelles que l'on appelle « auras » jouent également ce rôle de protection.

Les enveloppes auriques autour de notre corps assurent une sorte d'immunité contre toute agression mentale sous forme d'influences de toutes sortes, émotionnelle sous forme de désirs, de passions, physico-éthérique sous forme de gaspillage de nos énergies dans des actions stériles.

Selon nos facilités à nous laisser abuser par un de ces corps encore mal géré, nous sommes entraînés dans un tourbillon d'énergies contradictoires et négatives qui viendra s'installer dans nos couches lumineuses appelées auras et provoquera troubles et agitations, créant des lésions ou des déchirures de cette membrane protectrice. Alors toutes les pollutions ou organes étrangers appelés encore microbes vont pénétrer progressivement dans nos auras jusque dans nos corps subtils et dans notre corps physique ensuite.

Pendant tout ce cheminement, des signes précurseurs et révélateurs nous annonceront ce qui se prépare.

Cette disharmonie qui se répercute dans les auras et dans les corps se nomme « maladie ».

Quand le mal se manifeste concrètement et visiblement dans le seul corps appelé physique, il y a bien longtemps que celui-ci est installé dans les autres corps plus subtils et invisibles.

Comme c'est invisible, on n'y accorde pas d'importance, pourtant toutes les causes, origines et solutions se trouvent dans ces formes plus fines de notre être.

Mieux connaître et mieux comprendre et accéder à l'aura permettra aux scientifiques et aux médecins d'accomplir encore mieux leur travail.

Une aura blessée mais rapidement réparée sera toujours comme un bouclier protecteur pour l'être humain.

Grâce à une meilleure discipline, à travers *l'observation* de tout ce qui arrive dans notre vie et la recherche d'une explication et d'une compréhension, nous pouvons réparer et renforcer nos auras.

Peut-être qu'au début une aide extérieure sera nécessaire, mais les progrès que nous réaliserons vous permettront en tout cas d'accéder à plus de liberté et d'harmonie.

Nous avons dit au tout début que l'aura était une énergie luminescente qui nous enveloppe et qui émet aussi des radiances autour d'elle. De ce fait, nous captons tout ce qui est en accord ou qui ressemble aux vibrations de notre aura. Ainsi le contact avec l'extérieur peut contribuer à accentuer nos malaises et aussi provoquer chez les autres des maux semblables s'ils ont à ce moment-là, eux aussi, une aura fragilisée.

De la même façon, si notre aura est remplie d'énergies lumineuses et très harmonieuses, nous allons répandre autour de nous tous ces bienfaits et nourrir tous ceux qui nous approcheront.

L'aura est un parfait émetteur-récepteur, elle reçoit et attire à elle tout ce qui lui convient et repousse ce qui n'entre pas encore dans sa compréhension.

Si nous décidions instantanément de recevoir uniquement ce qui est positif, qui nous élève dans les sphères pures de notre être à travers notre vie quotidienne, nos auras seraient réharmonisées et illuminées de couleurs les plus belles et les plus éthérées.

CHAPITRE 5

LES ROSES DE LUMIERE

Il convient maintenant de parler des roues ou centres d'énergies, appelés encore chakras en sanscrit.

Ces centres font partie de nos enveloppes subtiles et sont intégrés dans l'aura.

En Orient, ils sont symbolisés par la fleur de lotus avec un nombre de pétales qui varie selon l'emplacement du chakra.

En Occident, nous pouvons imaginer ces centres d'énergies comme des roses aux pétales de couleurs différentes suivant leur situation dans le corps.

Les centres d'énergie sont au nombre de sept principaux.

Les cinq premiers, en partant du bas, se trouvent situés le long de la colonne vertébrale et servent à capter et recevoir les énergies venant de l'Univers environnant. Ils nourrissent leurs parties physiques que nous appelons glandes et se prolongent à l'avant vers l'extérieur comme des cornes d'abondance au bout d'une tige, qui se meuvent lentement dans l'océan d'énergie de l'aura qui les entourent, semblables au mouvement des algues au fond de la mer.

Les deux autres se trouvent en avant et au milieu de la tête, ils sont en correspondance avec des glandes situées dans notre cerveau et jouent aussi un rôle d'émetteur-récepteur.

Chaque centre est donc en relation avec une glande de notre corps :

1- le centre vital de base avec les glandes surrénales,
2- le centre du nombril avec la rate et les gonades,

3- le centre solaire avec le foie, la vésicule biliaire, le pancréas,
4- le centre du cœur avec le thymus,
5- le centre de la gorge avec la thyroïde,
6- le centre entre les sourcils avec la pituitaire ou hypothalamus,
7- le centre de la tête avec la pinéale ou hypophyse.

Les roses servent à capter les énergies qui sont en correspondance avec :

1- leur situation dans le corps,
2- leur degré d'ouverture,
3- leur résonance vibratoire.

1-

Chaque rose a pour rôle de réceptionner les énergies cosmiques et son emplacement déterminera les couleurs qui teinteront ses pétales.

Selon sa situation, elle remplira une tâche bien précise en fonction de la qualité d 'énergie qu'elle recevra.

2-

Chaque centre vibre à des degrés différents dans un corps et en chaque individu. Le degré d'ouverture d'un centre est déterminé avant la conception même de l'être par son Ame selon des critères importants pour l'individualité.

Ils sont en étroite relation avec le karma personnel contracté au cours des différentes vies, ainsi qu'avec l'objectif que l'Ame se donne pour son évolution dans cette existence.

Les centres sont donc des réceptacles d'énergies qui permettront à chaque Ame vivant dans une personnalité d'exprimer et de mener à bien sa mission sur terre à travers son zodiaque natal. Ce sont des degrés d'ouverture et de réceptivité de l'énergie nourrissant chaque centre qui donneront à l'Ame les possibilités d'atteindre son but.

Il est très important, même vital pour chaque individualité, d'être très vigilant à ce sujet et de ne laisser à quiconque la possibilité d'ouvrir ou d'activer l'un de ces centres.
Nous comprenons aisément que cela peut entraîner des dérèglements profonds et irrémédiables dans la vie physique et psychique de l'individu, qui n'est alors plus en accord avec son plan de vie.

3-

Selon son degré d'activité, chaque centre se teinte au cours de sa
vie des couleurs en correspondance avec les choix des actions et expériences faites dans le temps.
Avons-nous agi en accord avec notre Ame, notre rose se remplira de douces lumières, rayonnera cette vibration autour d'elle et entrera en résonance avec les énergies les plus subtiles qu'elle rencontrera dans son univers ?
Dans le cas contraire, le centre se ternira, se refermera et parfois tournera dans le sens inverse à son sens de rotation et la maladie et les disharmonies de toute nature envahiront l'être tout entier.

Le centre d'énergie ou rose se place d'abord comme un capteur, un récepteur qui, en fonction de sa sensibilité, intégrera à des degrés différents les vibrations particulières à son emplacement, puis les diffusera dans les corps pour les nourrir et les rééquilibrer. Ensuite, teintées de nos propres couleurs, ces vibrations seront utilisées à l'extérieur de nous pour l'aide à l'autre dans le quotidien.
Tout ce processus se déroule naturellement et plus souvent inconsciemment pour chacun d'entre nous.

Deux faits semblent importants à noter
dans ce processus :

1-

A chaque fois qu'une énergie est captée par nos centres vitaux, elle se teinte de nos propres vibrations composées de l'état de santé de nos corps mental, émotionnel, énergétique et physique.

Cette énergie est extériorisée à travers nos pensées, paroles et actions vers autrui. Nos réactions vers l'extérieur seront fonction de l'équilibre de nos corps.

Si nous pouvons être plus vigilants quant à la bonne harmonie de nos corps, nous serons à même de mieux transmettre et donner.

2-

Nos centres étant des émetteurs-récepteurs, il est tout d'abord important d'être sur le bon canal pour bien capter l'émission d'énergie qui nous correspond, car nous pouvons capter à travers nos centres d'autres émissions qui ne nous concernent pas et ne pas voir celles qui sont bonnes pour nous.

Cela arrive constamment quand nous prenons dans nos auras et dans nos centres les vibrations des autres, remplies d'émissions nocives pour nous.

Ces émissions ont lieu souvent à travers les paroles.

Aussitôt que j'ai appris ou entendu une rumeur, elle devient mienne, même si je n'ai rien à voir avec cette affaire !

Après j'en suis bouleversé et je souffre !

Le JEU serait d'affiner suffisamment nos récepteurs afin de capter les seules émissions qui nous concernent venant des sphères les plus pures, les plus élevées dans une verticalité et moins dans l'horizontalité plus matérielle.

Ainsi les énergies captées de la Source Unique pourraient nourrir nos corps de plus en plus épurés et être presque entièrement disponibles et dirigées vers l'aide et le service à autrui.

A travers chacun de nos centres d'énergie rayonnent les facettes colorées de notre conscience individuelle. L'action de l'énergie couleur nous offre la possibilité de prises de conscience nouvelles et évolutives pour notre développement personnel.

Chaque rose, dans son rôle récepteur, reçoit un rayon de lumière coloré en son centre, accompagné d'une autre couleur qui, comme une flamme, se diffuse dans les pétales de celle-ci :

La rose de base reçoit
le rayon violet
avec du jaune lumineux autour.
La rose du nombril reçoit
le rayon jaune
avec le lilas-violet autour.
La rose du plexus reçoit
le rayon vert
avec le rose carmin autour.
La rose du cœur reçoit
le rayon or
avec le bleu autour.
La rose de la gorge reçoit
le rayon rouge
avec le vert tilleul autour.
La rose entre les sourcils reçoit
le rayon bleu
avec l'orange-or autour.
La rose de la tête reçoit
le rayon indigo
avec l'or-diamant autour.

Dans chacune de ces couleurs se trouvent exprimés des principes et vertus nous donnant la possibilité d'un épanouissement personnel important, nous mettant en relation avec la source véritable de notre être et les hiérarchies divines qui nous guident à travers ces radiations.

Chaque centre se trouve en relation et correspondance avec un jour, une planète, un métal, un arbre, une attitude, une forme, une qualité, etc.

Les énergies s'expriment à travers les symboles et figures représentatives de chaque rose de lumière.

A travers ces correspondances nous pouvons déjà mettre en application dans le vécu quotidien les indications données afin d'expérimenter et comprendre la vérité pour soi.

Ainsi donc ces roses font partie intégrante des éléments indispensables à vie de l'être humain avec les corps et les auras.

Nous sommes composés de :

- **sept corps** emboîtés les uns dans les autres, contenus dans le corps physique,
- **sept auras** qui sont les radiances énergétiques de ces corps, reflétant leur état de santé,
- **sept roses** aux pétales multiples captant les sources lumineuses de vie, servant à nous nourrir et éclairer ceux qui nous entoure.

Les sept roses captent les énergies par la colonne vertébrale à travers des cornes d'abondance, les distribuent dans l'être et les redonnent à l'extérieur sur le devant du corps humain.

Elles sont reliées et fixées sur les glandes qu'elles nourrissent directement. Elles traversent l'aura éthérique et pénètrent dans l'aura émotionnelle. (Voir l'illustration.)

LES ROSES DE LUMIERE

CORNE DE LA FACE ARRIERE

CORNE DE LA FACE AVANT

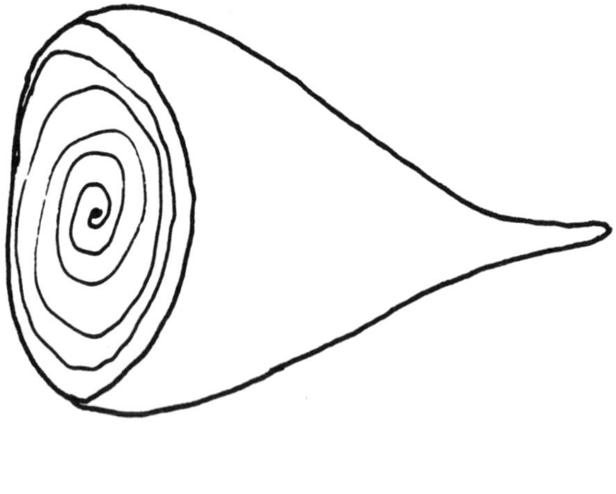

DEUXIEME PARTIE

LES COULEURS ET L'AURA

CHAPITRE 6

LES COULEURS DE L'AURA

L'aura, de par sa conception naturelle, est une concentration de forces que dégage un corps, les éléments qui composent ce champ de force sont des corpuscules d'énergie en constant mouvement et émettant une lumière plus ou moins vive et intense.

Cette lumière émise par l'aura est colorée de façon variée en fonction de chaque individu.

« *Autant d'êtres vivants, autant d'auras différentes.* »

Chaque couleur est en relation avec les qualités et vertus se reflétant dans l'aura, qui ont été travaillées et acquises au cours des différentes incarnations.

Nos corps physique, éthérique, émotionnel et mental demandent à être mieux contrôlés et guidés durant toutes nos vies, et chaque effort pour comprendre et intégrer dans la vie un fait ou une épreuve nous libère encore un peu plus, affine nos corps, élargit et renforce l'aura correspondante.

L'aura se teinte alors de couleurs de plus en plus belles, plus fines, plus lumineuses, plus éthérées, plus pastel, et assure de plus en plus une protection invisible nous mettant progressivement à l'abri de toutes les perturbations qui pourraient venir nous visiter.

Chaque victoire intérieure à travers nos efforts modifie et apaise nos auras, affine nos corps et intensifie la beauté des couleurs de notre enveloppe aurique.

Comme nous l'avons vu, chaque corps demande une attention, un soin particulier. Pour le corps mental, nous avons la tâche de lui apporter la possibilité de se libérer en essayant de focaliser la pensée sur des motivations plus altruistes et élevées, et aussi faire le vide et se concentrer afin qu'aucune pensée ne fasse irruption dans l'esprit.

Pour le corps émotionnel, nous ferons attention à ce que toutes les émotions ou désirs que nous amène le flot de la vie ne viennent pas perturber la tranquillité, le calme de la surface du lac de nos émotions. Nous pouvons aussi commencer à travailler sur des qualités qui nous semblent faciles à intégrer.

Pour notre corps éthérique, comme pour le corps physique, une hygiène de vie saine et surtout l'attention que l'on pourrait avoir à ne pas gaspiller nos énergies sont souhaitables. Pour cela, toujours se poser la question : quelles satisfactions, quels avantages profonds puis-je obtenir en faisant telle ou telle action ?

Tous ces conseils peuvent nous aider et nous faciliter une meilleure harmonisation des couleurs de nos auras.

Une seule recommandation toutefois : APPLIQUEZ !

Sans pratique, tout le savoir théorique reste à la périphérie et ne fera jamais partie intégrante de nos corps et de nos auras.

En revanche, l'expérience et la compréhension que nous tirerons de nos essais personnels pour transformer la théorie en pratique seront d'une richesse inestimable et représenteront un avancement certain pour notre futur.

Chaque aura qui entoure un corps est composée en fait de plusieurs auras qui s'interpénètrent et émettent des couleurs selon la bonne harmonie et l'équilibre de ce corps.

Donc chaque couleur est différente pour chaque individu en relation avec les expérimentations qu'il aura déjà entreprises.

Toutefois, nous constatons que chaque évolution d'un corps amène l'affirmation et l'intensification d'une couleur précise dans l'aura.

Les auras peuvent vibrer de toutes les couleurs possibles et même quelquefois avec des tons extraordinaires que nous aurions beaucoup de peine à reproduire ou à décrire.

Les couleurs sont plus voyantes sur le pourtour de la tête.
Dans l'aura, trois manifestations de la couleur sont à prendre en considération :

- les couleurs épousant le corps physique,
- les couleurs autour de la tête (nimbe),
- les couleurs apparaissant comme des stries.

Les couleurs épousant le corps physique et se présentant comme un halo lumineux peuvent être diverses.
Attention toutefois, lorsque vous essayez de voir l'aura, de ne pas confondre la couleur de l'aura épousant le corps physique avec :

- soit le reflet coloré du vêtement porté,
- soit le reflet de la couleur complémentaire du vêtement porté.

Exemple :
La personne porte un vêtement jaune, il se peut que l'aura ressorte de couleur violette, qui est sa complémentaire.

Mais en général, la couleur est blanc lumineux, jaune d'or, ou blanc-bleuté.

Les couleurs autour de la tête forment ce que l'on appelle le nimbe. Celui-ci se teinte souvent de couleurs indescriptibles de beauté, chaque sphère de la tête peut se révéler de couleur différente.
Dans ce nimbe se trouvent toutes les couleurs de notre plan mental, de nos formes-pensées, des symboles représentant les aspects les plus forts de nos vies passées, elles sont aussi le reflet de notre état d'esprit du moment.

Sommes-nous en colère ou furieux, ce nimbe sera parsemé d'éclairs et de jets de couleur rouge sombre et très agité, comme en ébullition, et toutes les autres informations seront estompées.

Dans une grande quête et aspiration spirituelle, le nimbe sera plus volontiers rempli de couleur dorée avec un cône de lumière en permanence au-dessus de la tête. Il est aussi possible de voir dans ce cas un arc-en-ciel plus ou moins achevé et lumineux au-dessus de la tête.

Les zébrures ou stries sont en général les signes de maladies affectant le corps, qu'elles paraissent déjà évidentes ou qu'elles ne soient pas encore reconnues.

La lecture d'une aura peut révéler une maladie à venir, et aider à éviter qu'elle ne se déclenche ou à ce que les soins appropriés soient prodigués à temps.

Ces stries peuvent se trouver sur toutes les parties du corps, en général à la hauteur de l'organe ou de la partie malade.

Elles sont en principe de couleur sombre et dans les teintes grises, noires, marron ou vert foncé.

Elles nous signalent une lésion, une tumeur, un cancer ou d'autres formes de problèmes altérant la santé du corps.

CHAPITRE 7

SIGNIFICATION DES COULEURS AURIQUES

Les couleurs apparaissant dans l'aura nous éclairent sur l'être que nous voulons aider et sont significatives de son état de santé morale, émotionnelle, vitale et physique.

Elles reflètent également l'état d'avancement spirituel et le bon équilibre psychique de la personne.

Tous ces états manifestent des couleurs diverses dans l'aura, couleurs qu'il nous est possible d'interpréter.

Il existe deux formes d'interprétation :

1) l'interprétation intellectuelle,
2) l'interprétation intuitive.

1) L'INTERPRETATION INTELLECTUELLE

L'interprétation dite « intellectuelle » est celle qui peut être adoptée par toutes les personnes qui veulent se référer à ce que d'autres ont pu voir avant elles, constater et vérifier dans des époques plus ou moins éloignées et qui ne se sentent pas encore assez formées par une intuition épurée pour travailler sans références, seulement grâce aux ressentis, aux indications que nous donne la voie intérieure, c'est-à-dire notre orientation profonde.

Lorsque nous observons une aura humaine, nous entrons en contact avec les énergies et vibrations de la personne par notre lâcher prise et observons une multitude d'informations qu'il n'est pas toujours facile d'interpréter.

1)

Parce que notre observation se fait à travers notre propre aura, ainsi chacun pourrait voir une couleur différente, donc faire une interprétation personnelle.

2)

Parce que notre état de réceptivité et de sensibilité est souvent différent d'un moment à un autre, il serait alors nécessaire de nous préparer à cela et nous mettre dans les meilleures conditions possibles pour effectuer ce travail.

3)

L'être que nous avons en face de nous, pour des raisons que nous ne pouvons pas forcément cerner, peut se fermer et faire un barrage nous empêchant l'accès à son aura. Cela peut arriver et se manifeste comme une impossibilité de ressentir, voir et observer quoi que ce soit.

Il convient, par l'échange verbal, de lui demander de lâcher prise pour que le travail puisse se faire. Cette réaction est le plus souvent inconsciente, elle est comme un réflexe d'autodéfense et, dès que l'information est passée, l'ouverture a lieu et de meilleures conditions d'observation se présentent.

Voici une liste de couleurs et d'interprétations susceptibles de vous renseigner sur celles que vous percevrez dans l'aura de votre sujet.

Les couleurs les plus fortes et lumineuses sont les couleurs que l'on pourrait dire de « base » de l'aura.

Il est important de vérifier plusieurs fois à des heures différentes et à des jours d'intervalles le bien-fondé de vos observations.

Nimbe rouge

vif : tempérament énergique, optimisme.
terne : fausseté, méchanceté.
fade: irritabilité, grande nervosité, sensibilité excessive.
zébrures vermillon : colère, orgueil, instabilité.
sombre : égoïsme, agressivité.

Nimbe orange
vif : bonté, loyauté.
foncé : paresse.
verdâtre : colère, capacité de blesser, rancune.

Nimbe jaune
safran : très haute spiritualité.
citron : activité cérébrale, intellectualisme.
verdâtre : méchanceté.
marron : matérialisme excessif, basses pensées.

Nimbe vert
vif : don de soi et ouverture envers autrui, capacité à guérir.
pâle : hypocrisie, mensonge.

Nimbe bleu
pâle : conviction religieuse profonde.
clair : mysticisme.
foncé-violet : conviction religieuse.
sombre : effort pour progresser.
lilas : spiritualité élevée.

Nimbe violet
vif : développement spirituel.
pâle : recherche de pureté, sens religieux.

Nimbe rose
pâle : amour pur et sincère.
Il existe une multitude de tons de rose, du plus clair au plus foncé, mais elles ont une seule signification : l'Amour Divin.

Ces couleurs peuvent s'associer dans la teinte de l'aura. Elles se combinent en mélanges subtils qui donnent d'innombrables nuances différentes.

Alors l'interprétation sera une déduction synthétique des couleurs : par exemple, quelqu'un dont le nimbe révèle du jaune légèrement rosé pourrait être en quête de spiritualité pour exprimer ses qualités d'amour ou bien se révéler comme un être très spirituel qui recherche l'amour pur dans la vie, etc.

Il est très important, avant tout jugement, d'acquérir suffisamment d'éléments pour le faire et aussi une *certitude* intérieure d'être dans le vrai.

D'autres couleurs ont aussi leurs significations et se trouvent ailleurs que dans le nimbe de l'aura.

Le gris

Le gris au-dessus de la tête indique que le sujet souffre de maux de tête.

Sur un organe ou une autre partie du corps, il indique sa faiblesse. Il est nécessaire alors de traiter cet organe avant que la maladie ne s'y installe. Il est synonyme aussi de fatigue, de surmenage. Il se manifeste sous formes de stries ou de lignes qui sont les signes précurseurs de maladie.

Le marron

Le marron sur un organe indique la présence d'une maladie grave ou de blocages d'énergie, est révélateur de tumeurs et infections sournoises, se présente le plus souvent sous forme de zébrures ou de taches.

Le noir

Comme le marron, le noir est synonyme de maladies graves, de tumeurs cancéreuses, de fibromes, de nécrose, etc. Il se présente sous forme de taches ou de protubérances dans l'aura.

Ces perturbations dans l'aura révèlent souvent chez le sujet la présence d'une maladie, avant même qu'elle ne soit déclarée dans le corps physique, permettant ainsi qu'elle soit soignée à temps.

En réharmonisant l'aura atteinte par ces radiations de couleurs négatives, nous pouvons atténuer et parfois réduire considérablement les conséquences sur le corps matériel.

Les couleurs et leurs interprétations faites de cette façon ne le sont qu'à titre indicatif en raison des multiples combinaisons possibles sur le corps humain. Il ne faut donc pas tirer de conclusions hâtives, plusieurs lectures devront être faites à diverses dates et heures pour une plus grande certitude.

2) L'INTERPRETATION INTUITIVE

Comme son nom l'indique, elle se réfèrera uniquement à ce que l'intuition, se manifestant de nombreuses façons, nous indiquera comme données pour notre interprétation.

L'information intuitive interviendra dans les moments de lâcher prise, de non-vouloir, dans une attitude réceptive et de clarté dans l'observation,

c'est à dire :

1)

L'observateur se met dans les conditions d'être à l'écoute de tout ce qui peut lui arriver comme information, venant sous toutes formes (visions, symboles, couleurs, formes, ressentis, mots, etc.).

2)

Il reste en dehors de ces informations sans aucune implication, neutre et sans jugement, a priori ou déductions hâtives. Il est important, dans le rôle de l'observateur, de rester vigilant et de ne pas s'investir dans les problèmes qui se révèlent à lui et qui pourraient le perturber étant donné l'ouverture importante des qualités de cœur et de force d'amour dans ces moments où il est ainsi à l'écoute.

Il sera peut être conseillé de se préparer par un moment de silence, pendant lequel nous retrouverons l'unité avec la source véritable de notre être. Une bougie que nous aurons pris soin d'allumer et de l'encens seront d'une aide précieuse durant notre démarche.

3)

Ce même état de réceptivité permettra à l'observateur d'effectuer une interprétation sans faille, les déductions et réponses faisant toujours partie du ressenti à travers sa sensibilité de l'instant.

Les qualités de *confiance en soi* et de *certitude intérieure* sont primordiales pour effectuer ce travail.

Toutefois, les indications des significations des couleurs de l'aura données plus haut pourront vous servir de repère pour vérifier la justesse de vos ressentis.

CHAPITRE 8

LE ROLE THERAPEUTIQUE DES COULEURS

Comme nous le savons maintenant, toutes les auras sont composées de multiples couleurs qui reflètent notre état de santé. Quand l'aura est blessée, elle laisse toutes sortes d'énergies parasites l'envahir et la perturber et, dans un même temps, elle perd son potentiel vital et s'affaiblit considérablement, finissant par ne plus avoir assez de forces pour se sortir du mal-être. Alors intervient la couleur qui, par des moyens efficaces, rétablit la vie et l'harmonie dans le champ vibratoire appelé aura, réparant et effaçant les traumatismes récents ou anciens.

Les couleurs composant notre aura sont représentatives des qualités et acquis patiemment obtenus, et aussi révélatrices de disharmonies qui affectent notre existence.

Lorsqu'une aura se trouve perturbée, elle se met à réagir en sens inverse à son habitude et devient progressivement réceptive aux couleurs sombres ou sales et le processus s'accélère et s'intensifie très rapidement.

Le thérapeute ou chromothérapeute intervient alors en redonnant la bonne couleur, le bon sens, la bonne marche à suivre et l'harmonie est retrouvée dans l'aura.

La couleur reste le moyen le plus efficace pour rétablir la bonne vibration d'une aura et réparer les traumatismes qui ont été à l'origine de ce trouble.

La couleur vient de la lumière, source de toute vie.

La lumière se décompose à travers le prisme en sept couleurs principales devenues ainsi visibles que nous connaissons en regardant un arc-en-ciel. Ce sont dans l'ordre les couleurs suivantes : rouge, orange, jaune, vert, bleu, indigo, violet.

Elles sont originaires de la couleur primordiale, le blanc.

Les couleurs chaudes sont :
rouge, orange, jaune.

Les couleurs froides sont :
l'indigo, le violet.

La couleur verte est la couleur médiane,
couleur de l'équilibre.

La couleur de synthèse est le blanc.

Ces couleurs principales composent et engendrent une infinie quantité de tons et teintes, autant sur le plan visible du physique et dense de la matière, que sur les plans invisibles et plus éthérés de l'aura et de l'esprit.

Elles créent des formes sur tous ces plans en s'associant et en s'harmonisant.

Plus les couleurs sont subtilement associées, plus les formes seront fines et belles.

Chaque couleur nourrit et apporte la vie dans tous les règnes existant dans l'Univers.

La couleur peut être considérée comme la cellule de vie, vibrant sur huit octaves différents et apportant avec elle et en elle les qualités et principes cosmiques de la Création.

Chaque couleur est *disponible et offerte à tous* sans exception et se trouve autour de nous dans l'espace qui nous environne.

Avec nos récepteurs, les centres d'énergie ou *roses de lumière* , nous captons et réceptionnons ces couleurs et les diffusons dans nos corps et dans nos auras.

Chaque couleur viendra à nous naturellement, comme attirée magnétiquement par nous, à notre seule demande qui est en fait une résonance, une similitude, une correspondance, un écho à une qualité vibratoire identique en nous.

Etre réceptif voudrait ici dire que je rentre en résonance avec quelque chose qui me ressemble et je l'accepte en moi et le fais mien.

Chaque couleur se déplace selon des schémas bien particuliers dans l'espace et entre en relation et correspondance avec tous les organismes des êtres vivants.

Nous pourrions dire que les couleurs sont les principes essentiels de vie et que par conséquent elles peuvent jouer un rôle thérapeutique à condition que nous puissions accepter qu'il y ait disharmonie, erreur ou maladie dans le fait que nous avons nous-mêmes accepté une couleur nuisible pour nous, qui n'est pas enrichissante pour notre équilibre naturel.

Après de multiples expériences du vécu quotidien, et la poursuite de nombreuses recherches effectuées au fil des années, nous pouvons vous proposer ici quelques indications de couleurs applicables dans l'aura afin de lui redonner goût à la vie et l'inviter à se nourrir de nouveau de bonnes vibrations.

Chaque être est différent, avec des besoins différents. Toutefois, une certaine similitude existe quant à l'utilisation de la couleur pour réharmoniser une aura et à travers elle le corps lui-même.

La couleur ORANGE

est très efficace lorsqu'il y a un manque de vitalité, des faiblesses, un épuisement ou des fatigues.

Le corps éthérique manque alors d'énergie et l'aura devient fragile.

Utilisez la couleur orange dans votre alimentation, dans votre habillement ou utilisez des moyens thérapeutiques avec les couleurs qu'un spécialiste pourra vous conseiller ou vous administrer.

La couleur TURQUOISE

est un excellent rafraîchissant du plan mental, il intervient rapidement pour nous libérer de nos fixations mentales et de notre stress intellectuel, ici la relaxation dans une pièce aux couleurs turquoise sera efficace et encore mieux une exposition à la lumière turquoise dans la sphère de la tête.

La couleur VIOLETTE
est elle un puissant purificateur et désintoxique rapidement les auras, élimine les parasites que nous avons pu contracter dans nos expériences. Elle est utilisée pour tous les corps et leurs auras.

La couleur ROSE-MAGENTA
réharmonise efficacement le corps et l'aura émotionnelle lorsqu'elle est perturbée et agitée, la couleur rose est synonyme d'Amour et agit dans ce sens en nourrissant l'aura des forces et des qualités supérieures de l'Amour. Notre humanité manque essentiellement d'Amour et cette couleur est toujours efficace dans son effet.

Bien entendu, toutes les couleurs jouent un rôle thérapeutique, mais celles qui sont mentionnées ici ont été retenues du fait de leur efficacité sur les auras et les corps physico-éthérique, émotionnel et mental.

Dans un prochain chapitre, nous traiterons de la manière d'utiliser simplement et efficacement les couleurs pour la réharmonisation de l'aura.

TROISIEME PARTIE

LA LUMIERE ET L'AURA

CHAPITRE 9

LA LUMIERE ET L'ATOME

Rien n'a été et ne peut être créé sans lumière.

D'un point de vue cosmique, la lumière est à l'origine de toute création, chaque planète, étoile ou soleil a été conçu de la même façon, en assemblant et en densifiant les particules de lumière contenues dans l'atome primordial.

L'atome est une unité composite, en elle se trouve une mémoire, dans laquelle s'inscrit le programme d'expériences qu'elle doit accomplir.

Elle doit accroître son intelligence en mémorisant ses programmes et ainsi élargir son champ de conscience, c'est-à-dire expandre son noyau de lumière pour devenir un *atome enrichi* .

Sa mission est ainsi remplie, celle de redevenir lumière, revenir à l'origine du principe mais sublimé, enrichi, parfait, illuminé en quelque sorte.

Quand un cycle est accompli, tout peut recommencer à une échelle plus grande.

Chaque Univers, Système solaire, Planète, Règne ainsi conçu va suivre le même chemin.

Il est évident que cette énergie lumière dans son origine est d'une telle puissance et d'une telle force qu'elle doit être filtrée et réfléchie pour être intégrée et acceptée dans les formes de vie qui peuplent une planète.

Plus ces formes de vie sont évoluées, plus elles peuvent vibrer aux mille feux de couleurs subtiles et éthérées.

Pour notre planète, les couleurs sont celles qui sont connues et représentées dans tous les tons que nous offre la gamme des couleurs visibles et invisibles.

CHAPITRE 10

L'AURA ET LA SPIRITUALITE

Nous avons maintenant une notion de ce qu'est une aura, mais nous n'en avons peut-être pas encore cerné précisément la spiritualité. Tout d'abord qu'est-ce la spiritualité ?

Spirituel est un mot qui a de multiples significations à notre époque et pourtant il ne s'agit que d'une chose.

La spiritualité est un moyen pour aller à la rencontre de notre Vérité Intérieure, afin de révéler à nous-mêmes notre appartenance au monde Divin et de vivre en permanence uni avec notre partie Divine.

Etre spirituel, cela pourrait être :

- S'éveiller progressivement, grâce à notre ouverture d'esprit, aux potentialités subtiles de notre être.

- Accepter et admettre que nous sommes uniques et que notre rôle est aussi indispensable que celui d'un autre.

- Observer et comprendre que la vie est un diamant, que chaque événement de celle-ci est une facette du diamant, qu'elle brille de mille feux, c'est-à-dire que dans chaque événement de la vie il y a de multiples façons et possibilités de voir une même chose, à travers notre propre regard.

- Expérimenter dans le quotidien ce que la nature nous a donné, ce que la Vie nous offre comme opportunité, ce que nous ressentons comme les clés qui nous ouvriraient des portes.

Nous voulons tous être spirituels. Etre spirituel, cela peut signifier tout simplement pour nous : *être bien en soi* et rayonner ce bien-être autour de nous comme le fait le Soleil. C'est aussi simple que cela, pourquoi chercher des impossibilités ou des complications ?

> Si je me mets dans l'état d'être bien,
> « JE SUIS BIEN »,
> et librement et consciemment je laisse cette
> réalité couler autour de moi et rayonner sur tout
> ce qui m'entoure :
> « JE SUIS UN SOLEIL ».

Nous avons parlé plus haut d'accepter, d'observer, de comprendre, d'expérimenter. Tout ce que nous avons à faire, c'est d'appliquer dans le quotidien ce que la vie nous fait apprendre, nous connaissons tout cela déjà mais nous n'appliquons pas encore, nous sommes encore à la recherche de quelque chose qui soit encore plus simple et facile pour nous. Etre spirituel, c'est s'engager dans la voie de lumière qui conduit vers la liberté intérieure. C'est simple, il suffit de mettre en pratique.

A chaque décision consciente d'avancer dans la voie, notre aura se remplit des vibrations de lumière correspondantes à ces nouveaux acquis, elle se purifie et en elle se déploient de belles couleurs qui la rendent forte et pure.

L'aura devient ainsi invulnérable et aucune disharmonie ne peut y pénétrer.

A chaque phase de notre éveil spirituel, notre aura s'habille de lumières étincelantes et colorées, se renforce pour devenir un bouclier protecteur.

La science spirituelle est une science exacte, aussi bien sur terre que dans les mondes supérieurs. Lorsqu'un homme s'éveille aux lois spirituelles, les vit et les met en pratique, il est véritablement un homme de science.

Donc, en tout premier lieu, nous devons comprendre que l'épanouissement des pouvoirs spirituels latents est un processus scientifique. Si nous ignorons les lois supérieures divines, nous en ressentirons les conséquences chaotiques dans notre être. Mais si nous étudions les lois de Dieu en nous y conformant, si nous obéissons aux impulsions intérieures de notre esprit et allons fermement, pas à pas, sur le sentier, nous découvrirons une immense source de sagesse en notre cœur et de même, nous amènerons notre aura à s'étendre jusqu'à atteindre tout à la fois *les hauteurs* et *les profondeurs* de la vie.

La conscience de l'homme doit se développer jusqu'à englober la hauteur, la profondeur et l'ampleur de la vie, et par le processus de cette expansion, nous acquérons une grande tolérance et un grand amour pour la vie et les créatures, ainsi qu'un profond calme et la paix de l'esprit.

Nous ne serons plus bouleversés ni repoussés par quoi que ce soit.

Nous pourrons mieux comprendre et accepter que l'humanité à tous ses échelons poursuit un processus d'évolution ou de retour vers Dieu d'où tout provient.

Le développement de nos facultés latentes est un moyen d'acquérir force et équilibre intérieurs, ce qui purifiera, fortifiera notre corps et lui rendra la santé.

Il est scientifique de déclarer que la lumière divine pénétrant par le centre du cœur et circulant à travers les corps physique, éthérique, émotionnel, mental et céleste, les embellit et les renforce tous.

Une femme ou un homme spirituel est dépourvu de faiblesses.

La page suivante vous propose un code d'éthique intéressant et applicable dans notre quotidien, qui pourrait servir d'exercice dans tous les instants de notre vie.

Code d'éthique

- Aimez-vous même en tant qu'Etre Divin.
- Aimez tous les autres comme des Etres Divins.
- Ne jugez pas la valeur d'autrui.
- Pensez positivement à tout moment.
- Voyez la beauté en chaque forme de vie.
- Œuvrez consciemment pour la Paix dans votre propre vie.
- Manifestez joie et amour à tous autour de vous.

Rappelez-vous toujours :

VOUS ETES UN ETRE MERVEILLEUX !

CHAPITRE 11

L'AURA, ENVELOPPE PROTECTRICE

La stabilité de l'aura dépend du ferme maintien d'aspirations spirituelles et de goûts nobles et raffinés.

L'aura est composée d'une matière plus ou moins grossière ou affinée selon la qualité de la conscience humaine.

Les couleurs de l'aura changent et varient jusqu'à ce que l'âme devienne stable et que, sachant ce qu'elle veut, elle introduise dans l'aura une vibration permanente et constante d'amour et d'aspiration spirituelle.

Alors seulement, on voit des couleurs persistantes.

L'étendue de l'aura varie. Une personne non encore développée présentera une aura de douze à trente centimètres. Son aspect sera assez proche du brouillard.

Lorsque l'âme aura développé sa conscience supérieure, l'aura deviendra stable.

L'aura de l'homme moyen peut varier de couleurs brumeuses, ternes et indéfinies à une aura très belle, bien dessinée, d'une forme comparable à un œuf, composée de couleurs nettement déterminées et harmonieuses.

Nous sommes sur terre pour construire une aura lumineuse contribuant ainsi à former un corps mental, émotionnel, éthérique stable, pur et lumineux.

Cette aura devient ainsi plus grande et forte et nous assurera d'une invincible protection contre toutes les agressions, tentations et désirs de notre monde.

Prenez la résolution de suivre la voie la plus sûre qui consiste à vous forger une aura invulnérable.

En prenant cette décision, vous allez consolider et réparer votre aura, la renforcer et l'épanouir de tous les feux multicolores de la vie, vous attirerez ainsi auprès de vous une multitude d'aides émanant de toutes les formes de la vie Divine.

CHAPITRE 12

L'OR ET LE PARFUM DE L'AURA

Comme nous le savons maintenant, l'aura devient plus stable et lumineuse et se trouve emplie de couleurs très belles, indescriptibles dans notre langage et selon nos références matérielles, à mesure de notre croissance spirituelle.

Alors, progressivement « *le voile qui cache* » se lève et notre aura spirituelle se révèle à nous.

C'est l'auréole (mot dans lequel se trouve AURA) que les artistes peignent autour du visage du Christ, de la Vierge et des saints. Cette aura est toujours représentée de couleur or.

Dans l'aura de tous les êtres élevés spirituellement et hautement évolués nous retrouvons cette splendide couleur dorée, comme l'or étincelant qui vibre et coule dans leurs mains. Cette lumière qui émane de ceux qui ont réalisé la fusion avec le Divin est le plus souvent d'un rayonnement doré ou couleur diamant, dans lequel nous pourrons voir à certains moments vibrer toutes les nuances délicatement irisées de l'arc-en-ciel, faisant comme un pont reliant l'homme au ciel de ses corps spirituels.

Les halos qui entourent les têtes des personnages saints symbolisent les radiations de lumière interne qui émanent de la personnalité purifiée et consacrée.

Les auras saintes sont aussi souvent représentées comme un espace enflammé qui entoure le corps physique. Ce symbolisme signifie que la substance individuelle a traversé le rideau brûlant de l'existence dans les trois mondes et que les impuretés de toutes sortes ayant été consumées, brille l'or pur de l'Esprit qu'elles recouvraient.

Lorsque les feux de l'apparence physique se sont unis à ceux de l'âme et de l'esprit, la vie de l'homme se met à étinceler en tant qu'expression même de la lumière.

Cette enveloppe d'or qui entoure l'être ainsi illuminé est aussi appelée « œuf aurique ».

Cet œuf est comme une coque qui nous entoure avec, à l'intérieur, de l'or en forte densité éthérique.

Il peut aussi servir de protection dans un milieu où les vibrations sont particulièrement lourdes. Cet œuf d'or n'isole pas des autres, au contraire, il nous rend plus forts et permet de mieux agir pour le bien.

Si nous étudions le mot aura, nous constatons qu'il contient le mot AUR qui signifie lumière et la lettre A du verbe avoir, Aura signifie donc : « avoir de la lumière » ou « j'ai de la lumière ».

A noter encore que, phonétiquement, le mot AURA se prononce et sonne comme OR, ce qui voudrait encore dire « avoir de l'or » ou « j'ai de l'or » = « l'aur - a ».

Cela nous confirme que cet or lumineux de l'illustration des saints à travers la peinture et l'iconographie religieuses est vraiment la couleur des êtres ayant réalisé la fusion des corps inférieurs avec les corps supérieurs, spirituels et subtils.

L'aura des initiés et des Grands Maîtres peut servir de protection et d'abri à tous les êtres qui en sont dignes.

Chez un être hautement évolué, l'aura peut s'étendre à plus d'un mètre et, dans le cas d'un initié ou d'un maître, atteindre un kilomètre ou plus.

Les forces d'Amour qui rayonnent de ces êtres de lumière peuvent tout à la fois nous faire sentir nos défauts et réveiller en nous les possibilités les meilleures pour nous aider dans notre évolution.

Pour faire cette expérience, il est important que nous soyons prêts à admettre nos imperfections, autant que nos richesses intérieures.

Ainsi, lorsqu'un être aimant et évolué vient parmi nous, même si nous ne le voyons pas physiquement, nous pouvons ressentir et même percevoir son aura. Lorsque nous méditons et qu'un grand être s'approche, nous pouvons entendre Sa venue par plus de silence, et aussi un fond de musique très fin, et ressentir une présence.

Quand nous sommes en contact ou dans l'aura d'un être hautement évolué, tout est plus facile pour nous, la compréhension des mots, la sûreté et la maîtrise d'un mouvement ou d'un geste deviennent simples.

L'aura d'un être semblable nous entoure, nous aide, et nous renforce avec ses propres qualités d'amour et ses richesses intérieures.

L'aura affinée a également un parfum qui est aussi déterminant et révélateur pour un Maître pour nous reconnaître que la lumière dorée qui nous englobe.

C'est en fonction de notre aura lumineuse et parfumée qu'un guide nous reconnaît et nous apporte aide et soutien, le plus souvent d'une façon invisible d'abord, puis visible si cela est nécessaire.

Les guides de l'humanité ont eux aussi bien sûr leurs auras imprégnées de subtils parfums. C'est aussi souvent de cette façon qu'ils nous annoncent leur Présence lors de séances de travail en groupe, pendant une méditation ou lorsque nous sommes au service de l'humanité. Ils nous apportent ainsi leur aide à travers les vibrations parfumées et lumineuses de leurs auras.

QUATRIEME PARTIE

LA POLLUTION DE L'AURA

CHAPITRE 13

LE CHOIX DES INFLUENCES

Comme nous le savons maintenant, l'aura est une énergie qui entoure, nourrit et protège nos corps.

Elle attire à elle les énergies qui lui correspondent et rejette celles qui n'entrent pas en vibration avec elle.

L'aura absorbe les informations provenant des mondes physique, éthérique, émotionnel et mental. Cette attraction magnétique est modifiée et conditionnée par notre état d'esprit, notre réaction aux émotions, l'attitude alimentaire et d'hygiène de notre corps physico-éthérique.

Les dissonances et pollutions affectent et perturbent gravement notre aura. Ses couleurs sont alors brouillées, agitées et ternies.

Ces influences hostiles viennent nous déséquilibrer et provoquer des maladies de toutes sortes.

Ces pollutions présentes dans la vie constituent une atteinte à notre liberté individuelle, elles sont à l'œuvre pour empêcher l'homme de s'épanouir et d'évoluer.

L'aura est comme le baromètre de l'équilibre de nos corps.

Son rôle est capital puisque c'est son harmonie et sa lumière qui nous emmènent vers l'élévation de notre être tout entier.

Les pollutions jouent le jeu des forces antagonistes, en ralentissant et même en arrêtant notre marche évolutive.

Nous vivons dans un système de conditionnements et d'obligations, ce phénomène nous entraîne vers un stress permanent qui ronge littéralement notre aura, annihile nos forces et nous réduit à un état passif et léthargique.

L'homme doit se réveiller, ouvrir les yeux, regarder et écouter.

Devenir conscient et se changer lui-même pour que tout change autour de lui.

Les conditionnements et les obligations de la vie sont là, ils existent, mais nous ne sommes pas obligés de les accepter dans nos auras, de les laisser nous perturber et nous rendre malades.

Ces nocivités existent parce que nous les faisons exister, par notre acceptation de les laisser vivre et s'épanouir dans notre vie.

Il est nécessaire que, progressivement, nous devenions vigilant à laisser s'épanouir dans notre vie ce que nous avons décidé d'y mettre au lieu de ce que l'on nous dit d'y mettre.

Nous pourrions commencer par analyser sincèrement :

- Qu'est-ce que je mets moi-même dans ma vie ?
- Qu'est-ce que j'accepte venant de l'extérieur dans ma vie ?
- Qu'est-ce qui est bon pour moi ?
- Tout ce que j'accepte, est-ce que c'est toujours bon pour moi ?

CHAPITRE 14

CAUSES, EFFETS, REMEDES

Les pollutions affectent d'abord les corps et diminuent leurs énergies, fragilisant et appauvrissant l'aura en atténuant sa lumière. C'est grâce à l'alimentation que le corps physique se nourrit en énergie.

- **DANS LE CAS DU CORPS PHYSIQUE,**
l'énergie est produite dans l'appareil digestif, plus précisément c'est dans l'intestin grêle que se fait le transfert des nutriments dans le sang.
Les toxines accumulées au fil du temps, par l'emploi des médicaments et une alimentation dénaturée, remplie de conservateurs et autres produits chimiques, finissent par empêcher le bon fonctionnement de cet organe vital qu'est l'intestin grêle. Les toxines qui ne peuvent plus être éliminées se répandent alors dans tout le corps et les maladies de toutes sortes arrivent.

Les toxines les plus importantes pour le corps physique sont :

- **Les viandes**, car elles introduisent dans notre corps des sentiments de peur enregistrés par l'animal au moment de sa mort, ainsi que les produits chimiques dont il s'est nourri.
La consommation de viande nous lie également au le culte du sacrifice et du sang d'une ère qui a existé voici 4.000 ans

ou plus, à l'ère du Bélier. Elle attache nos corps à la densité, les empêchant de s'affiner.

- **Le tabac** dépose des particules toxiques dans les poumons, dans le tube digestif et aussi dans le cerveau, qui perd petit à petit ses capacités d'intelligence. Le tabac contracte et rapetisse l'aura, durcit les vaisseaux sanguins et dérègle le rythme cardiaque. L'aura a une odeur de tabac froid.

- **L'alcool** dilate l'aura jusqu'à lui faire perdre son élasticité et la rendre vulnérable aux entités de l'astral.
L'alcool détruit les neurones du cerveau, atrophie et diminue les fonctions du pancréas et de la rate.

- **Les médicaments et les drogues** sont des toxiques très puissants pour l'organisme, il dérèglent le mécanisme fonctionnel et empoisonnent le corps et surtout le sang.

- **Le thé et le café** exacerbent et influencent le système nerveux, ainsi que **le chocolat**.

- **Les aliments dévitalisés et dénaturés** comme le pain et le sucre blanc n'apportent aucun élément nutritif au corps.

L'alimentation joue un rôle primordial pour notre organisme physique, notre vigilance doit être renforcée dans notre monde actuel et nous devons soigner notre nutrition.
L'alimentation peut être considérée comme une médecine naturelle, car suivant ses qualités et quantités, elle peut être génératrice de santé ou de maladie.

L'alimentation a pour but de fournir à tout organisme vivant l'énergie nécessaire à sa vie, à son fonctionnement.

ASSIMILER L'ENERGIE - ELIMINER LES DECHETS

Le bon équilibre entre ces deux phénomènes constitue :

LA BONNE SANTE.

EVITONS LES EXCES.

Un équilibre en tout est nécessaire, sachons être vigilants. Nous compensons souvent qualité par quantité jusqu'à asphyxier notre organisme.

L'ALIMENTATION

La santé du corps dépend essentiellement des aliments que l'on consomme. Si vous vous nourrissez convenablement, vous vous donnez le maximum de chances d'être toujours en bonne santé ; si vous mangez n'importe quoi, vous diminuez vos réserves d'énergie, vous surmenez vos organes et vous vous condamnez à la maladie.

La santé est une question de bonne alimentation, pas de médicaments ; ceux-ci font disparaître les symptômes du mal mais non de la cause, et provoquent parfois des effets secondaires nuisibles.

Nombreux sont ceux qui ont éprouvé les effets d'une alimentation saine, d'abord sur l'aspect physique de leur vie, puis sur son aspect spirituel.

Les éléments de base dans notre alimentation sont :

- Les protéines,
- Les vitamines,
- Les sels minéraux.

A la page suivante vous sont proposés les principes Ch'ang Ming (10.000 ans de recherches et d'expériences), principes issus de l'antique sagesse et philosophie du Tao pour l'hygiène physique.

Les principes de Ch'ang Ming

1- Mangez lorsque vous avez faim, et non pas par simple habitude.

2- Ne mangez que des aliments naturels.

3- Mangez plus de céréales et plus de légumes.

4- Mastiquez soigneusement tous vos aliments.

5- Ne mangez jamais trop.

6- Maintenez votre consommation de liquide au strict minimum.

7- Respirez à fond à chaque fois que vous en avez l'occasion.

CINQUIEME PARTIE

VOIR L'AURA

CHAPITRE 15

LES SENS

Les éléments et moyens dont nous disposons pour nous aider à notre développement se trouvent dans nos cinq sens que nous connaissons comme :

- l'ouïe,
- la vue,
- l'odorat,
- le goût,
- le toucher.

Ces cinq sens s'expriment de différentes façons selon notre « état d'être » dans la vie.

Selon notre développement personnel nos sens réagiront d'une manière :

- instinctive,
- impulsive,
- intuitive.

Quelle que soit la manière dont nous utilisons nos sens, ils sont les outils indispensables dans notre existence pour notre avancement.

Au fur et à mesure de l'évolution, l'homme parvient peu à peu à une meilleure maîtrise de ses organes des sens.

LE ROLE INSTINCTIF

Le rôle instinctif de nos sens se manifeste d'une manière automatique comme un réflexe spontané devant un danger, une peur ou une agression. Nos sens réagiront ici comme une alarme naturelle face aux dangers.

Tous les sens seront *instinctivement* éveillés et en alerte, prêts à déclencher l'action qui sauve.

Cette réaction instinctive était celle que nos ancêtres utilisaient pour pouvoir exister face aux dangers permanents qu'ils rencontraient dans leur vie.

Nous avons encore ces réactions de nos jours lorsque nous sommes confrontés à des phénomènes que nous ne pouvons comprendre ni gérer.

LE ROLE IMPULSIF

Le rôle impulsif de nos sens s'est développé avec notre évolution matérielle et nos réactions instinctives ont été remplacées par des impulsions, des réactions, des comportements le plus souvent inconscients, qui provoquent un «déclenchement» devant quelque chose qui blesse ou dérange.

Ces impulsions incontrôlées et dangereuses entraînent l'homme vers des situations difficiles et remplies de souffrance du fait d'actes inconsidérés.

L'homme n'utilise plus ici ses sens pour se protéger, se prémunir, mais plutôt pour conquérir, agir par la réaction face à une action. Cela donne des situations conflictuelles et agressives permanentes entre les races, les sociétés, les familles et aussi les proches, qui conduisent l'homme à des extrêmes qu'il n'a pas forcément voulus.

LE ROLE INTUITIF

Le rôle intuitif de nos sens commence à se développer pour ceux qui sont les plus avancés sur le chemin de la liberté.

Mais il est encore entouré de mystères et le chemin est aussi parsemé d'embûches et d'illusions qui nous emmènent vers de fausses intuitions.

Le rôle intuitif de nos sens permet d'éviter tout phénomène *d'action-réaction* , d'automatisme ou de réflexe puisque nos sens vont être utilisés à entendre, voir et ressentir tout ce qui peut nous arriver et par là même nous aider à mieux gouverner notre vie

Les cinq sens sont l'ESSENCE de l'Homme et chacun d'eux peut nous amener à une plus grande perception de tous nos plans de conscience.

Dans chacun de nos sens est représenté l'essentiel, l'«essence-ciel» de l'homme et la médecine holistique utilise ce savoir pour réharmoniser l'être humain.

La vue	- l'œil	- iridologie
L'ouïe	- l'oreille	- auriculothérapie
L'odorat	- le nez	- la sympathicothérapie
Le goût	- la langue	- sert au diagnostic en médecine chinoise
Le toucher	- les mains	- la chirologie

Chacun de nos sens est un organe de perception qui se développe et nous accompagne vers une sensibilité de plus en plus fine.

Pour percevoir l'aura, nous utiliserons les perceptions extra-sensorielles de nos organes sensitifs.

Chaque organe sensoriel nous met en relation avec les plans mental, astral, éthérique et physique de notre être. Ils sont en étroite relation et correspondance avec les cinq éléments cosmiques. Ces cinq éléments cosmiques se manifestent à travers nos cinq sens.

Ces cinq éléments de base sont :

ETHER - AIR - FEU - EAU - TERRE

et sont reliés à

l'ouïe - le toucher - la vue - le goût - l'odorat

L'ETHER

L'éther est relié au sens de l'ouïe car il transmet le son. L'oreille, organe de l'ouïe, exprime cette action à travers l'organe de la parole qui retransmet le son et crée ainsi une expression humaine du son.

L'AIR

L'air est relié au sens du toucher dont l'organe sensoriel

est la peau. La main est l'organe à travers lequel le sens du toucher peut s'exprimer, elle est très sensible aux contacts et aux ressentis.

LE FEU

Le feu qui se manifeste en tant que lumière, couleur, est lui relié à la vue. L'organe de la vision, l'œil, permet à l'homme de se mouvoir avec cohérence et harmonie et aussi de percevoir.

L'EAU

L'eau est relié à l'organe du goût. La langue est très sensible aux contacts et aux ressentis.

LA TERRE

L'élément terre est en relation avec l'odorat. L'odorat à travers le nez est très sensible aux contacts et aux ressentis olfactifs.

L'homme, en tant que microcosme, est en analogie et en correspondance avec le macrocosme.

Les cinq éléments cosmiques relient l'homme à son Univers.

En lui se retrouvent des éléments en correspondance avec les éléments cosmiques.

L'ETHER

L'éther se manifeste dans le corps à travers tous les espaces des cavités du corps : la cavité buccale, les poumons, le nez, les conduits respiratoires et digestif, etc.

L'AIR

L'air est en relation avec le mouvement et se manifeste dans l'homme à travers les muscles, les pulsations du cœur, les mouvements de la paroi intestinale, de l'estomac, de la cage thoracique, les systèmes nerveux, etc.

LE FEU

Le feu est en correspondance dans le corps avec le métabolisme. Le feu se manifeste dans le système digestif, dans la matière grise comme intelligence, dans la digestion, la température du corps, les processus de la pensée et de la vision.

L'EAU

L'eau se manifeste à travers les sécrétions de la salive, des sucs digestifs, les muqueuses, les tissus, les organes, dans le sang et la lymphe.

LA TERRE

La terre est manifestée dans le corps humain à travers toutes les parties solides du corps, les os, les cartilages, les ongles et aussi la peau, les tendons, les muscles, les cheveux, etc.

A chacun de ces cinq éléments cosmiques sont associés une ou des couleurs, un son, une forme.

Tous nos organes sensoriels sont appelés à se développer constamment afin d'entrer en communication et en relation avec les Plans Supérieurs de la Perception. C'est ainsi que chaque sens se dirige vers une plus grande finesse et sensibilité :

L'OUIE

L'ouïe (organe : l'oreille) est liée au son et évolue suivant le plan ci-après :

entendre, écouter, percevoir, clairaudience, béatitude.

LA VUE

La vue (organe : l'œil) est liée à la couleur et se manifeste par :

voir, regarder, concentration, clairvoyance, vision, réalisation.

L'ODORAT, LE GOUT, LE TOUCHER

L'odorat, le goût, le toucher sont liés aux perceptions et se manifestent ainsi :

Sensations, ressentis, discernement, guérison, connaissance.

Chacun de ces sens est également en correspondance avec les lois cosmiques.

LA VUE

Le sens de la vue, avec ses organes que sont les yeux, est précieux pour chacun de nous.

Les yeux sont liés à la Vérité.

L'œil est schématiquement un cercle avec un centre, un point, symbole du Soleil, de l'atome, de l'infiniment petit et de l'infiniment grand.

Malgré toutes les possibilités que nous offrent les yeux physiques, nous sommes encore limités sur un seul plan de perception, celle du monde matériel.

Nous ne pouvons recevoir la lumière qu'avec nos yeux physiques car, pour l'instant, notre troisième œil, *l'œil qui voit tout*, est obstrué, voilé par les pensées et sentiments inférieurs qui nous empêchent de *perce-voir* (voir d'une façon perçante) la lumière du Monde Divin.

Le troisième œil nous permet d'entrer en communication avec le Monde Divin et de voir les deux mondes à la fois, le monde de l'esprit et celui de la matière.

Pour nous aider à savoir regarder les deux mondes, intérieur et extérieur, en même temps, nous devons développer notre *intuition* .

Le troisième œil ou œil mystique forme avec les yeux physiques un prisme grâce auquel les courants de nos pensées et sentiments renforcent notre aura et la rendent sensible au Monde Divin.

L'OUIE

Le sens de l'ouïe est en relation avec les oreilles et le son.

La Sagesse est liée aux oreilles.

Dans l'oreille interne se trouve le sens de l'équilibre et celui-ci se trouve dans le centre de gravité. Si notre centre de gravité est déstabilisé, nous perdons l'équilibre et nous avons les oreilles qui bourdonnent.

L'oreille est aussi en relation avec les vibrations sonores et l'amplitude des mouvements vibratoires contribuent à notre bonne harmonie.

Quand nous vivons dans l'intuition, nous sommes dans le bon équilibre, le sens de l'équilibre et le centre de gravité sont confondus et situés dans le plexus solaire ou se trouvent l'intuition et l'équilibre véritable.

LE GOUT

Le goût a comme organe la bouche.

La bouche fait partie du système digestif, c'est dans la bouche que commence la subtile alchimie de la nutrition, elle est aussi le siège de la parole.

L'Amour est lié à la bouche.

La bouche est aussi le siège des sentiments, passions, émotions, instincts.

Nous devons savoir que si nous mangeons mécaniquement, sans aucune conscience, ou en accompagnant notre nourriture de sentiments négatifs, les glandes salivaires, étant liées à nos sentiments, vont sécréter des éléments incapables de transformer la nourriture et provoqueront toutes sortes de maux et troubles dans notre organisme.

Tandis que si nous mangeons avec amour et en pleine conscience de l'acte de manger, nos glandes sécrètent les substances nécessaires à la bonne assimilation et les éléments subtils de la nourriture peuvent aller nourrir nos corps.

LE TOUCHER

Le sens du toucher est en relation avec les mains et les pieds. Les pieds nous relient au sol, à la terre, les mains au ciel.

La Justice est liée aux mains.

Avec les mains nous pouvons mesurer, peser, apprécier et distinguer les choses comme avec la justice.

Avec les mains nous pouvons sacraliser les choses, nous pouvons bénir et élever comme une offrande tout ce que nous avons reçu. Elles peuvent aussi détruire et anéantir tous nos beaux efforts.

Les mains symbolisent la guérison et la paix.

Nous utilisons nos mains pour conduire les énergies d'Amour du cœur d'une manière juste pour que chacun puisse prendre ce qui lui revient.

Les mains sont les constructeurs de formes et de tout ce qui nous entoure et fait notre bien-être.

Le toucher révèle les facultés intuitives enfouies en nous, lorsqu'il n'est plus utilisé comme organe de sensation, il sert à la guérison.

Dans chaque doigt se trouve représenté l'un des cinq éléments cosmiques, ainsi donc sont réunies dans la main les forces cosmiques pour agir et créer.

L'important est de savoir comment utiliser nos mains pour mieux servir.

Dans chaque main aussi se trouve la cartographie de notre corps et de ses éléments essentiels à la vie.

Nous pouvons utiliser le massage de nos mains avec une huile essentielle afin de rétablir le bon équilibre des forces curatives et créatives.

L'ODORAT

L'odorat est en rapport avec l'organe du nez.

La Bonté est liée au nez.

La bonté sert de base sur laquelle tout doit reposer comme le nez est en relation avec la terre, la base sur laquelle repose l'édifice.

Le sens olfactif nous guide et nous achemine vers ce qui est bon et juste pour nous.

Comme la vue est en relation avec la lumière, l'ouïe avec le son, l'odorat est lui relié avec les parfums, les odeurs.

Les fosses nasales sont en relation et communication avec les yeux et les oreilles, en elles sont réunies les trois expressions essentielles de la perception : la claire vision, le clair entendement, le clair ressenti.

Ainsi chaque organe sensoriel nous achemine vers une plus grande perception de notre environnement.

En développant et affinant nos sens, nous devenons plus sensibles et réceptifs aux énergies venant du macrocosme dans notre microcosme.

Il existe également un sixième sens, qui en fait englobe les cinq sens, ou qui se trouve potentiellement dans chacun d'eux, il se nomme **INTUITION**.

L'intuition a la faculté de nous mettre en relation avec l'*essence des choses.*

L'essence des sens

SENS	ORGANES	ELEMENTS	EXPRESSION	VERTUS
L'ouïe	L'oreille	Ether	Son	Sagesse
La vue	L'œil	Feu	Lumière	Vérité
L'odorat	Le nez	Terre	Parfums	Bonté
Le goût	La langue	Eau	Liqueur	Amour
Le toucher	Les mains	Air	Guérison	Justice

CHAPITRE 16

L'INTUITION

L'intuition, c'est le sixième sens qui en fait se manifeste à travers nos cinq sens. L'intuition est l'expression de *la juste réalité* de nos plans de conscience supérieurs qui apparaît dans l'ici et maintenant, lorsqu'elle trouve un réceptacle pour se manifester, à travers nos sens développés et actifs.

L'intuition se manifeste par :

- la clairaudience,
- la clairvoyance,
- le clair ressenti.

LA CLAIRAUDIENCE

La clairaudience fonctionne avec notre troisième oreille et nous permet d'entendre, de nous mettre à l'écoute de la voix qui nous donne les informations, la voix qui nous parle dans l'oreille, c'est la voix de notre conscience supérieure.

LA CLAIRVOYANCE

La clairvoyance nous permet de voir-clair et fonctionne avec le troisième œil, « l'œil qui voit tout ». Ce mode d'expression de l'intuition favorise en nous l'imagination créatrice, nous avons des visions, nous voyons des images, des symboles, des scènes pouvant nous renseigner sur le sujet qui nous préoccupe dans l'instant.

LE CLAIR RESSENTI

Le clair ressenti fonctionne en relation avec les sens du

goût, de l'odorat et du toucher. A travers ce mode d'expression nous pouvons ressentir en nous les parties souffrantes de celui qui est à côté de nous, notre sensibilité tactile entre en résonance avec les sentiments et émotions des lieux, des personnes, des situations.

Il est important de rester neutre et de ne pas s'investir dans le problème des autres.

- Il existe encore un niveau encore plus élevé de l'intuition dans la capacité de se mettre en relation, en perception directe avec la personne, le lieu, etc. Dans cet aspect relationnel, l'intuition fonctionne dans les trois plans de la conscience en même temps. Soudain nous savons, nous avons les informations essentielles, nous faisons confiance à la Vérité, nous ne cherchons pas à analyser ou à comprendre, c'est ainsi, nous sommes suffisamment clairs pour entendre la voix supérieure de l'intuition.

Avec l'intuition nous travaillons d'une façon *objective* (l'intellect se mettant à l'écoute du *subjectif*).
Lorsque nous sommes conscients des deux, chacun dans leur rôle, alors nous travaillons avec l'intuition.

L'intellect nous parle dans le bruit.
L'intuition nous parle dans le silence extérieur et intérieur.
L'intellect s'impose, commande, nous fait faire telle ou telle chose.
L'intuition nous suggère.
L'intellect nous amène à analyser, à douter.
L'intuition ne se trompe jamais.

Dans les rêves notre intellect dort, alors notre intuition peut nous parler, la nuit porte conseil et nous nous réveillons en ayant trouvé la solution.

Dans le silence nous communiquons avec notre intuition, aimer le silence, c'est s'accepter tel que l'on est.

L'intuition nous révèle la Vérité et fait disparaître les brouillards de l'illusion. Elle ne se trompe jamais, même si elle nous donne des directions qui peuvent sembler fausses dans l'instant, cela s'avérera juste dans le futur, car nous n'avons pas la vision globale des choses dans un instant précis. Apprenons donc à faire confiance à notre intuition.

L'intuition existe de la même façon qu'un autre sens, elle est l'expression naturelle de notre subconscient, elle nous parle toujours la première et nous donne la bonne direction à suivre, nous suggère ce qui est le meilleur pour nous dans l'ici et maintenant.

L'intuition s'exprime au travers de nos perceptions, de notre sensibilité et de nos sens. Elle doit être développée pour que nous puissions nous en servir véritablement.

L'intuition est la source de la connaissance, elle est d'origine Divine et fait partie de nos organes sensitifs, elle nous amène progressivement vers une clairvoyance, clairaudience, clair-ressenti et perception et est en relation directe avec tout ce qui vit autour de nous.

Pour mieux développer notre intuition, nous devons faire confiance, avoir la Foi en nous-mêmes. Accepter sans chercher à intellectualiser, rationaliser, soupeser, critiquer, etc., tout ce qui viens vers nous, ouvrir notre esprit à l'existence d'autres éventualités, possibilités, solutions. Créer avec notre imagination les situations les plus favorables et positives pour arriver au but.

Accepter de recevoir du plus humble toutes les indications et conseils pour réaliser notre objectif.

Pour développer et accroître notre intuition il est nécessaire de commencer par la base :

RESPIRATION

Il faut avant tout adopter une respiration calme et régulière.
Inspirons la lumière dans toutes nos cellules.
Expirons les négativités, les toxines, les pensées limitées.

RELAXATION

En nous relaxant nous lâchons prise, nous déconnectons d'avec la vie extérieure et nous nous préparons à nous centrer, nous intérioriser, à être en relation avec notre être intérieur, Dieu en nous, notre étincelle divine, le Soi.

RECEPTIVITE

En nous calmant l'esprit, nous devenons observateurs et aussi disponibles, nos pensées sont plus claires, nous les laissons passer sans qu'elles aient d'influence sur nous.

CONSCIENCE

Soyons conscients de tout ce qui se passe à l'intérieur comme à l'extérieur, soyons réceptifs, ouvrons notre esprit comme une coupe, soyons le Graal, réceptacle des forces de l'Univers, à l'écoute des Connaissances Cosmiques.

CONFIANCE

Soyons des êtres dignes de confiance, soyons et manifestons sagesse, patience, vouloir que Dieu agisse à travers nous, soyons certains d'en être dignes, ayons Foi en Lui et donnons-Lui tout notre Amour et manifestons tout l'Amour en toute simplicité et humilité.

CHAPITRE 17

COMMENT PROCEDER

Nous regardons l'aura avec nos sens en éveil et plus particulièrement avec les yeux physiques et notre troisième œil situé sur le front entre les deux sourcils.

Voir l'aura n'est pas chose aisée dans la mesure où notre vouloir est encore prédominant dans notre démarche, mais lorsque celui-ci est plus atténué, tout devient possible.

Comment voir l'aura ?

Avant d'aborder précisément l'aspect technique, nous allons commencer par *l'attitude* à avoir pour regarder l'aura.

Si nous regardons, nous voyons, c'est ce qui se passe lorsque nous expérimentons toute chose. Pour l'aura, une bonne attitude est fondamentale et nécessaire pour un bon résultat visuel.

L'attitude juste nous permet d'entrer dans des conditions optimales pour voir l'aura.

Voir l'aura est à la portée de tous, car nous avons tous les mêmes organes physiques et subtils pour y parvenir. (Le fait d'être aveugle physiquement n'empêche en rien de voir avec le troisième œil.) L'important est de se mettre dans une bonne attitude.

L'attitude juste consiste à :

1)
- Se sensibiliser et retrouver le lien entre le moi et le soi.
2)
- Ne plus vouloir par le lâcher prise.
3)
- Observer et constater ce que l'on voit.

1) Pour nous sensibiliser, nous allons adopter :

a)
- une respiration calme et profonde,
b)
- sentir le corps de la tête jusqu'aux pieds,
c)
- nous entourer d'une lumière dorée,
d)
- nous relier au *Soleil Vérité* dans les hauteurs,
e)
- laisser entrer le rayon diamant de la présence Je Suis,
f)
- centrer la conscience dans le centre du front,
entre les deux sourcils,
g)
- nous tenir présents et éveillés dans l'ici et maintenant.

2) Ne plus vouloir voir et laisser agir
nous incite à nous libérer de la capacité rationnelle de notre esprit d'analyse et de jugement. Essayons plutôt de ne rien espérer, ni supposer de ce que l'on voit ou que l'on ne voit pas.

3) Observer
toutes les impressions et ressentis intuitifs qui viendront nous sensibiliser et apporteront une plus grande richesse dans nos constatations visuelles.

Lorsque nous nous mettons dans cet état d'être conscient et réceptif, voir l'aura ne pose plus beaucoup de difficultés, nos sens et nos capacités s'éveillent rapidement et naturellement.

Les conseils indiqués ci-dessus permettent d'éveiller notre centre de la vision intérieure, « l'œil qui voit tout » et, selon notre aptitude, à entrer dans le non-vouloir. Les informations nous parviennent tout d'abord d'une manière très fugitive, comme dans un éclair, sans trop de certitude de notre part à considérer cette indication comme le fait d'un trouble de la vue, d'une hallucination ou du manque de maturité dans l'observation des auras. En fait, ce sont bien des renseignements précieux que nous délivre la vision intérieure lorsque nous lui donnons la possibilité de s'exprimer à travers notre mental.

C'est pour cela que cette étape de *l'attitude juste* est très importante.

Pour voir l'aura il est nécessaire de s'habituer à observer sans conditions particulières.

Nous avons la possibilité de nous exercer à notre art dans tous les lieux et occasions où nous avons un partenaire connu ou inconnu que nous nous efforcerons de ne pas gêner ou déranger dans notre observation. Mais il est toujours conseillé, lorsqu'il s'agit d'une étude qui dépasse l'expérience visuelle et qui s'oriente vers celle plus précise d'un diagnostic thérapeutique, de s'entourer de conditions plus adéquates.

Les conditions matérielles

1)

- Tout d'abord avoir un collaborateur pour notre échange, cela pourra être un patient ou un ami qui se prêtera volontiers à notre expérience.

2)

- Choisir de préférence un mur lisse et blanc, ou bien de couleur claire, neutre et de dénué de motifs ou d'aspects pouvant capter l'attention lors de l'observation.

3)
- Placer la personne à 20 ou 30 centimètres du mur minimum, cette distance peut être portée à 50 cm si la profondeur de la pièce le permet.

4)
- Vérifier les jeux d'ombres éventuels qui pourraient tromper notre regard. Essayons alors de les estomper, de les faire disparaître par des jeux de lumière. L'idéal serait de créer une lumière douce et diffuse qui s'étalerait sur le mur d'observation, une lampe halogène bien orientée constitue souvent une bonne solution.

5)
- Se placer à 3 ou 4 mètres en face de la personne.

6)
- Ensuite se mettre dans l'attitude juste.

7)
- Fixer son regard sur un point symbolique au-dessus de la tête dans l'infini.

8)
- Laisser les informations venir nous apporter les éléments essentiels pour notre diagnostic. Il ne faut pas oublier :
* que nous regardons l'aura à travers notre propre aura ;
* que les renseignements issus de l'observation sont de toutes natures : symbolique, colorée, éthérée et fugitive ;
* que les couleurs peuvent être lumineuses ou ternes, claires ou sombres ;
* que chacune des informations recueillies doit être vérifiée et évaluée selon chaque individualité que nous observons.

Après quelque temps, lorsque nous sommes plus habitués à la vision de l'aura, nous pouvons sortir notre regard de sa fixité et commencer à le rendre plus mobile autour du corps et au-dessus de la tête, et aussi élargir notre point de vue vers des espaces plus éloignés du corps dans l'aura.

Lorsqu'il nous sera plus facile de regarder une aura, nous effectuerons une vision de profil de la personne, cela affinera et confirmera les observations déjà enregistrées.

Cette position nous permettra aussi de voir les centres d'énergies ou roses situés tout le long du corps comme décrits précédemment.

Il est important d'être patient et persévérant. Si vous souhaitez un résultat satisfaisant, donnez-vous tous les moyens pour y arriver. Ne soyez pas déçu si votre observation, au départ, semble sans succès, ayez foi et confiance en vous. Il faut seulement quelque temps pour permettre au corps de retrouver des réflexes oubliés depuis longtemps.

Et surtout,
NE DOUTEZ JAMAIS.

Ne doutez ni de vos possibilités (elles sont infinies), ni de ce que vous avez vu lors de vos observations. Ce que vous avez vu est exact, seulement les explications et interprétations que vous pourrez donner ne sont pas encore précises et satisfaisantes. Une plus grande connaissance, un développement personnel vous aideront à mieux analyser une aura.

EXEMPLE N° 1

La lecture de cette aura révèle un profond traumatisme dans l'aura émotionnelle. Effectivement cette personne est tombée du premier étage lorsqu'elle avait une dizaine d'années.

Elle était assise sur le rebord de la fenêtre de sa chambre et s'amusait avec une petite amie, celle-ci lui a lancé son ours, en voulant le rattraper elle est tombée à la renverse et a atterri sur son côté gauche dans des massifs sous la fenêtre.

Elle eut une côte cassée, une autre profondément enfoncée et de légères contusions sur le visage, les jambes et le bras gauche.

Lors de la lecture, elle avait une trentaine d'années de plus, était devenue depuis sa chute très peureuse, très émotive (aura décalée et trou dans l'aura), se sentait mal dans sa peau avec un très net sentiment d'infériorité et avait tendance à être facilement déprimée (au-dessus de la tête) et se sentait aussi toujours fatiguée (fuite sur l'épaule et traumatisme sur le centre de la rate, des scories au genou droit et à la cheville faisait qu'elle se tordait souvent la cheville).

Les auras émotionnelle et vitale ont été remises en place et réharmonisées, la fuite réparée et en quelques jours elle s'est sentie mieux et toutes ces douleurs s'estompèrent et disparurent. Elle se sent mieux, plus confiante, plus équilibrée, avec le désir de créer comme pour rattraper le temps perdu et surtout elle a retrouvé sa joie de vivre, sa spontanéité naturelle.

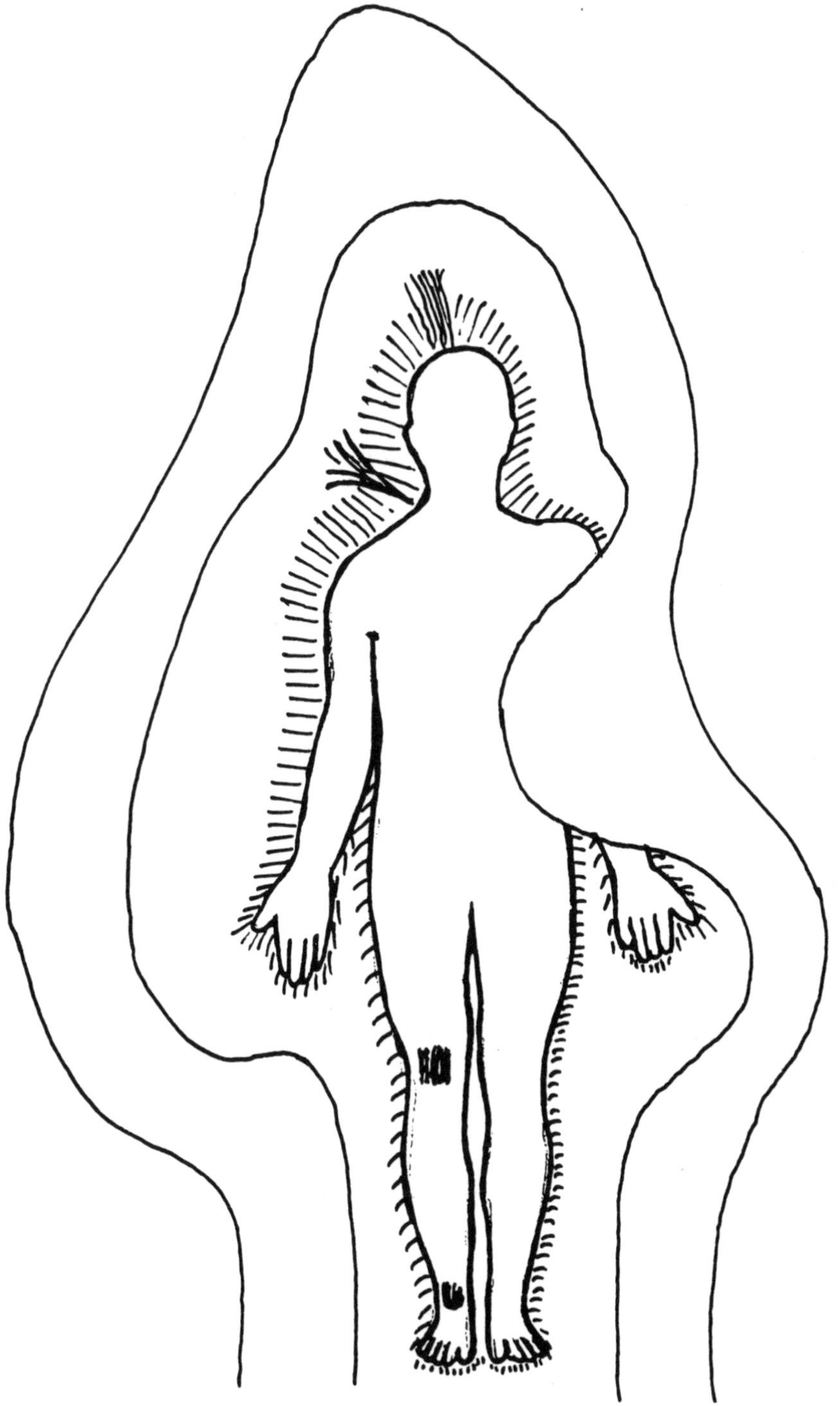

EXEMPLE N° 2

Voici le cas d'une personne qui s'est fixé un objectif à atteindre et n'a plus d'autre préoccupation que de le réaliser.

L'aura mentale est très perturbée et agitée avec des trous importants qui mettent le système nerveux dans un état d'excitation permanent.

L'aura est comme attirée vers le haut, concentrée et focalisée par son aspiration de l'instant.

Les enveloppes sont également très minces et fragilisées.

Les conséquences qui ont motivé la lecture sont :

insomnies, cauchemars fréquents, pieds froids empêchant le sommeil, jambes lourdes et gonflées, impression de ne plus pouvoir analyser et réfléchir sainement.

Tous ces effets ont ici une seule cause : cette obstination à « vouloir à tout prix ».

Après un échange où il a été question d'idéal et réalisme et de beaucoup de notion d'Amour, d'être soi-même vrai, les enveloppes auriques étaient déjà en meilleure harmonie.

Un bain de deux couleurs, turquoise et violet, dans l'aura mentale et une remise à la terre de l'aura, et la personne est rentrée chez elle avec l'intention de voir ce qui est bon pour elle et décider de ne plus faire parce qu'il faut faire ou que l'on a dit, etc.

Ces deux exemples illustrent des disharmonies typiques dont les causes se trouvent, l'une dans l'aura émotionnelle, l'autre dans l'aura mentale.

D'après nos expériences, l'origine des troubles physiques et énergétiques se situe dans presque tous les cas dans ces auras plus subtiles et viennent affecter toutes les autres enveloppes auriques, ainsi que les corps qui sont en correspondance. Ce qui diffère le plus est l'emplacement des perturbations dans les auras, en relation avec les parties physiques faibles du sujet ainsi que l'origine des causes.

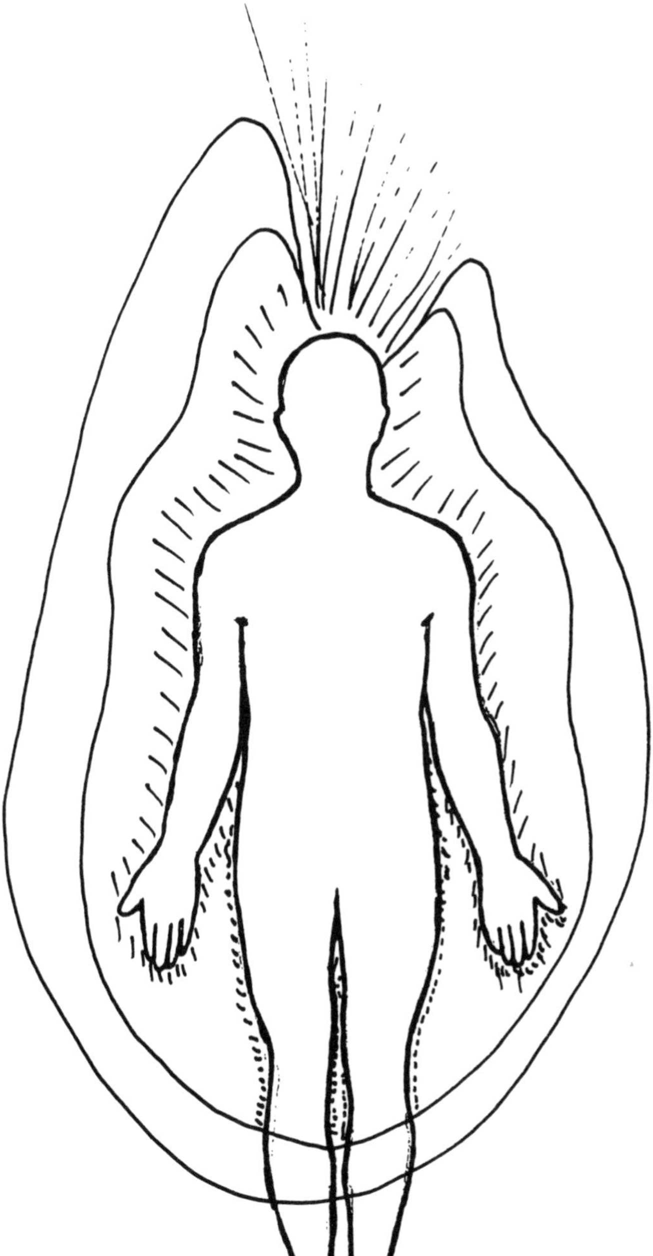

SIXIEME PARTIE

HARMONISER ET GUERIR L'AURA

CHAPITRE 18

LA SANTE

L'Etre Humain est un microcosme vivant, c'est-à-dire un Univers à lui tout seul, et son rôle, sa mission, est de sortir de la dégénérescence qui accompagne la mort.

Durant des vies et des vies passées sur terre, l'Homme apprend à se libérer de l'état d'*être malade*.

Les maladies sont la cause irrévocable de la mort.

Elles provoquent la dégénérescence des cellules et organes, qui entraîne la mort.

Nous sommes tous malades. Il y a toutes sortes de maladies, mais une seule cause.

« *La cause de la maladie est l'ignorance.* »

La science et la médecine se trouvent devant le problème insoluble d'apporter la guérison. L'Homme ne connaît plus, ne respecte plus les lois cosmiques, le microcosme n'obéit plus aux forces macrocosmiques, il s'ensuit une limitation de la conscience individuelle.

Les conditions extérieures dans lesquelles vit l'Homme sont liées à sa vie intérieure. Si la vie extérieure de l'Homme est matérialiste, superficielle, possessive, orgueilleuse, il se crée des correspondances extérieures identiques.

Ces conditions créées collectivement attirent magnétiquement dans l'extérieur de la vie les conséquences et effets à travers des réactions de la nature (orages, typhons, tremblements de terre, inondations, sécheresses, épidémies, maladies de dégénérescence, etc.).

La possibilité de retrouver vraiment la santé existe dans le processus de changement dans la vie et par l'ouverture de conscience.

L'homme malade doit s'approcher et écouter son « médecin intérieur ».

Tout Homme qui s' essaie sérieusement au processus alchimique et intérieur de la résurrection de « l'Homme Nouveau » entre alors dans la force fondamentale de guérison, car l'Ame à ce moment précis donne son rayonnement de force vitale au système microcosmique humain. Alors dans l'Univers de l'Homme, dans son microcosme, tous les états de faiblesse, d'abandon, d'impossibilité, d'impuissance sont neutralisés et l'Homme devient capable de reconnaître la Vérité.

L'Homme qui vit dans une lutte entre la santé et la maladie peut reconnaître et écouter le médecin de la nature, son « médecin intérieur» . Il s'agit seulement de vivre selon les instructions et directives de ce médecin. Mais souvent nous manquons de foi, le scepticisme de notre mentalité occidentale nous fait perdre l'occasion, le bonheur qui allait changer notre vie. De par cette conduite l'homme empêche le travail du « médecin intérieur » et appelle sur lui les forces de la maladie. Cela a lieu surtout sur les plans subtils.

Par exemple, un être est jaloux, Cette force morbide qu'est la jalousie va diminuer et affaiblir les forces opposées en lui, celles de la justice. *La justice dans la nature terrestre signifie reconnaître aux autres la place et le bien qui leur reviennent.* Si nous restons en harmonie avec les forces de la justice, nous sommes en accord avec notre médecin intérieur et avec les lois macrocosmiques. Mais si la jalousie qui vient de la personnalité prévaut, elle va sécréter un poison qui trouvera sa correspondance sur un plan plus subtil et viendra empoisonner le microcosme de l'homme.

La juste harmonie est alors rompue sur les plans subtil et physique. Ainsi les humains sont en général responsables de leurs maladies, en entretenant des pensées, des sentiments erronés et contraires aux lois qui les rendent malades.

Par nos comportements, nous empoisonnons les plans subtils de notre être et de la Terre. En donnant fait et cause aux forces morbides, nous favorisons leur développement sous forme de maladies spirituelles, psychiques et physiques. Le médecin intérieur devient de plus en plus impuissant et les médecins-hommes sont devant des tâches dépassant de loin leurs compétences.

Les forces de la maladie agissent des plans subtils vers les plans physiques, de l'intérieur vers l'extérieur.

Pour guérir une maladie, il est important de la même façon d'agir de l'intérieur vers l'extérieur et non à l'inverse.

Si un homme veut changer sa vie, il doit changer d'état de conscience, comprendre et accepter que sa maladie veut lui dire quelque chose, il faut changer d'attitude. S'il modifie le comportement extérieur sans changer d'abord l'intérieur, alors ce qui ne va pas à l'intérieur se manifestera toujours à l'extérieur. C'est pourquoi il est important de ne pas combattre la maladie mais de vivre dans les énergies de la santé à travers les forces de la nature, le médecin intérieur, les forces intérieures de la santé.

La connaissance des causes d'une maladie offrira toujours au malade des possibilités de guérison en comprenant l'origine de la maladie et en réparant le mal dans le monde des causes.

Etant donné que par nos pensées, sentiments et actions erronés nous provoquons en nous la maladie, celle-ci est là pour nous aider à découvrir notre erreur. Les remèdes de la nature et du médecin intérieur nous permettront de nous rétablir et d'être vigilants à l'avenir pour ne plus faire les mêmes fautes et vivre en harmonie.

« L'Homme est Universel.»

Et il fait partie de cet univers. Avant que l'Homme ne perde la vision de l'universalité, la notion de « l'homme global », la guérison avait pour but de remettre dans la loi la créature qui s'était écartée des principes fondamentaux de la Vie. C'est seulement quand l'harmonie était retrouvée par l'intérieur, que l'équilibre des opposés était rétabli, que l'être retrouvait sa dimension supérieure et son origine où il retournait volontairement vivre, dans l'harmonie universelle et cosmique.

Cependant cette connaissance s'effaça progressivement de la mémoire, n'y étant plus invitée.

La recherche se focalisa uniquement sur la guérison des maladies extérieures, visibles dans le corps physique, en améliorant l'existence, soulageant les maux, et personne ne se posa plus la question de la cause profonde de la maladie.

Toutes les maladies affectent et fragilisent tout d'abord l'aura en correspondance avec le monde de la cause (exemple : pour l'être jaloux, cela affectera son monde des sentiments) et se répercutent aussi dans les autres mondes en venant troubler le mental, perturber l'éthérique et, plus tard, engendrer une maladie dans le corps physique.

« *C'est l'Homme qui crée ses maladies.* »

Une aura fragilisée et affaiblie laissera entrer toutes les forces négatives qui se trouveront dans son environnement.

Ainsi l'aura va s'enrichir, non pas d'énergies venant de la source unique de notre être, mais de vibrations qui entreront en résonance avec ce que le corps troublé acceptera et qui nourrira inconsciemment son ignorance.

Afin de rétablir et retrouver la santé de notre aura et de nos corps, l'élargissement de notre conscience est nécessaire. Ainsi nous retrouvons la connaissance et comprenons et acceptons la source unique de la vie, qui se trouve à l'intérieur de nous et qui nous donne la santé.

CHAPITRE 19

LE CHIRURGIEN DE L'AURA

De la même façon que nous intervenons dans un corps physique, nous pouvons réparer et réharmoniser l'aura.

Tous les chocs, perturbations, blessures, qu'ils soient physiques, énergétiques, émotionnels ou mentaux, affectent notre aura et ces troubles s'inscrivent dans celle-ci définitivement. Lorsque nous ressentons l'aura de façon visuelle ou par le toucher, nous y retrouvons toutes ces blessures.

Il serait nécessaire que chaque être humain soit suffisamment conscient pour qu'à chaque fois qu'il se produit une perturbation de l'aura, celle-ci puisse être réparée, réharmonisée.

Le rôle du chirurgien de l'aura consiste à effectuer ces opérations délicates dans les plans subtils.

Dans chaque aura s'enregistrent les blessures qui perturbent le corps correspondant :

- Un choc émotionnel s'inscrira
  dans l'aura émotionnelle.

- Une pensée négative s'inscrira
  dans l'aura mentale.

- Et tous les chocs et traumatismes
  physiques s'inscriront
  dans l'aura éthérique.

C'est surtout dans l'aura éthérique que se répercutent toutes les lésions et opérations du corps physique. Un traumatisme causé par une intervention chirurgicale devra aussi être réparée dans l'aura éthérique.

Si ce n'est pas le cas, alors la blessure existera toujours et sera la porte ouverte aux négativités et à la perte des énergies vitales.

Une extrême sensibilité d'une cicatrice est le signe révélateur que la blessure existe toujours dans l'aura éthérique.

Le rôle du chirurgien de l'aura sera alors de panser cette plaie et de réharmoniser l'ensemble des corps et des auras.

CHAPITRE 20

HARMONISER L'AURA

Réharmoniser l'aura, c'est la guérir, de toutes ses blessures et dissonances récentes ou anciennes, en allant à la cause, origine de la perturbation.

La réparation de l'aura nécessite un bilan ou examen complet des différents plans du mental, de l'émotionnel, de l'éthérique, du physique, la cause pouvant se trouver dans l'un ou l'autre de ces plans. Avec l'expérience, il s'avère que les causes sont toujours dans les plans plus subtils de l'être, c'est-à-dire dans le mental et surtout dans l'émotionnel. Les autres corps sont affectés et perturbés par les effets qui se répercutent dans les enveloppes auriques.

Harmoniser une aura, c'est tout d'abord aller reconnaître
la CAUSE,
origine de la disharmonie, cette cause pouvant se situer dans les corps subtils et provoquer des effets dans les différentes couches de l'aura.

Aller à la cause, c'est permettre, à travers une meilleure compréhension, à l'être en difficulté d'accepter et intégrer son problème dans l'instant.

Chaque être est conçu de nature identique, mais l'expérimentation de la vie imprime des concepts qui sont compris et intégrés de façon différente pour chacun de nous, ce qui fait que nous serons mieux en accord et en résonance avec telle ou telle énergie.

Chaque individu étant différent, l'harmoniser consistera à lui apporter la forme vibratoire la plus adaptée à sa sensibilité présente.

Les moyens les plus naturels que nous avons à notre disposition seront les meilleurs pour une aide efficace.
Il s'agit de :

- la lumière
- les couleurs,
- les sons,
- le magnétisme,
- l'imposition des mains (force d'amour),
- les essences et les parfums.

La lumière

La lumière est l'énergie qui vivifie tout être ou toute conscience s'exprimant dans l'Univers.
Chaque conscience se manifeste avec une certaine vibration d'énergie lumineuse. Plus la conscience est grande et ouverte, plus son énergie est importante et lumineuse.

Pour réharmoniser l'aura avec la Lumière, nous vous suggérons :

a)
- tout d'abord, mettez-vous dans un état de réceptivité,

b)
- remplissez-vous de lumière dorée,

c)
- visualisez la présence d'un Etre Divin,
étincelant de Lumière Blanche,

d)
- voyez cette Lumière venir englober la personne,

e)
- maintenez cette pensée jusqu'à ce que la personne
soit absorbée par le vêtement de Lumière de
l'Etre Divin,

f)
- laissez cette Pure Energie réharmoniser

tous les corps et l'aura de la personne traitée,
la voir guérie, rétablie, réénergétisée,

g)
- puis voyez cette Présence Lumineuse devenir
de plus en plus petite, miniaturisée, dans un
soleil d'or au milieu du front de la personne,

h)
- remerciez pour le travail accompli,

i)
- revenez à la réalité de l'instant en ouvrant les yeux,

j)
- échangez, faites le point, etc., avec la personne,
avec beaucoup d'Amour et de Paix.

La couleur

La couleur utilisée en harmonisation de l'aura s'emploie de différentes façons, elle est le moyen le plus simple à utiliser, qui peut convenir à tous les corps et dans les auras.

Elle peut être appliquée dans l'aura au moyen de :

- filtres colorés,
- pierres,
- lampes colorées,
- tissus de couleurs.

Le moyen le plus simple et le plus accessible reste sans nul doute le **filtre coloré** .

- Il peut-être utilisé dans toutes les couches de l'aura et sur tous les corps de l'être.
- Il peut être employé seul ou avec un apport lumineux dans toutes les conditions possibles.
- Il est facilement transportable et aisé à manipuler.

L'utilisation des **pierres précieuses** ou semi-précieuses se fait plus localement et plus précisément sur le corps physique et sur les centres d'énergie.
L'investissement peut être important et l'utilisation limitée aux centres vitaux et au corps physique.

Les **lampes colorées** proposent des possibilités identiques aux filtres colorés, mais le temps d'exposition sera beaucoup plus long et nous ne trouvons pas encore des lampes dans toutes les couleurs.

Les **tissus de couleurs**, étant donné leur maniabilité, peuvent être utilisés comme les filtres colorés dans toute l'aura, l'inconvénient viendra du fait de leur encombrement plus important et d'une manipulation moins aisée.

Les sons

Le thérapeute aura dans ses compétences holistiques la maîtrise du son, qui pourra être appliqué vibratoirement à travers l'émission vocale d'une note et d'une voyelle en relation avec l'organe ou la région à soigner. Cette aide très efficace concerne le plus souvent le corps physico-éthérique et l'aura vitale.
Le son est toutefois d'un maniement délicat et il convient d'être dûment formé pour s'en servir.

Le magnétisme

Nous pouvons également offrir à la personne notre énergie magnétique, elle peut être utilisée par tous car nous avons tous de l'énergie. Toutefois, quelques précautions sont nécessaires pour une bonne harmonisation.

1)

- Nous pouvons utiliser les passes magnétiques dans toutes les couches auriques, l'important étant de se mettre sur la périphérie de l'aura où se trouve la cause, ensuite utiliser en rotation et en spirale des passes.

Ne JAMAIS secouer VOS mains, car vous les démagnétisez et elles perdent beaucoup d'efficacité. Purifiez-les plutôt sur une flamme de bougie, que vous ne manquerez pas d'allumer pendant la réharmonisation.

2)

- Prendre la précaution, avant toute magnétisation, de se relier avec la Source Véritable de votre être, avec la Présence du « JE SUIS » divin, unir en pensée, parole, action, le moi et le Soi. Qu'IL agisse à travers moi.

« Sans LUI, je ne suis rien et je ne peux rien. »

Cela est important afin de ne pas nous causer de fatigue en nous servant de nos énergies personnelles.

C'est la force du « JE SUIS » qui agit à travers nous si nous acceptons qu'il en soit ainsi. Autrement, c'est avec les énergies de notre être physico-éthérique que nous agissons, teintées de nos propres états d'être.

Aussi, lorsque nous sommes dans un mal-être, il serait juste d'éviter d'utiliser le magnétisme comme thérapie.

(Pour en savoir plus sur la sensibilisation des mains, veuillez vous reporter au chapitre suivant.)

L'imposition des mains

Cet acte utilise des qualités d'Amour et de Compassion, ainsi qu'un don de soi total et désintéressé pour l'être que l'on a à harmoniser.

Les mains seront appliquées sur le corps physique, à la hauteur de l'organe lésé, et cette force d'Amour agira à travers nous comme un baume guérisseur qui panse toutes les blessures et l'aura.

Les essences et les parfums

Afin de rétablir l'harmonie dans l'enveloppe aurique, il est possible d'utiliser des essences faites à base d'énergies colorées, d'énergies planétaires et d'énergies des pierres et des fleurs. Ces essences sont utilisées sous forme de gouttes, à doses homéopathiques.

Nous utiliserons également des parfums en liaison avec les centres d'énergie et les enveloppes subtiles de l'être.

Ces moyens sont très efficaces pour rétablir l'harmonie dans l'aura et aussi la renforcer.

Remarque : il est évident que toutes les méthodes et techniques citées dans ce chapitre nécessitent pour leur emploi un approfondissement conséquent qui peut être effectué sous forme de lectures complémentaires et/ou de cours.

Toutefois, concernant la sensibilisation des mains, le chapitre suivant vous propose une préparation adéquate.

CHAPITRE 21

SENSIBILISATION DES MAINS

1)

Pour commencer, effectuez une friction des mains, douce mais vigoureuse et déterminée. En frottant les paumes l'une contre l'autre, vous mettez en réceptivité toutes les facultés extra-sensorielles de vos mains. Ainsi, elles sont prêtes à réagir aux stimulis qu'elles rencontrent dans l'aura.

Cette sensibilisation peut se faire debout ou assis.

Comme il a été dit précédemment, il ne faut pas secouer les mains pendant ou à la fin d'un exercice sur le toucher car toutes les énergies accumulées autour des mains et des avant-bras sont alors dissipées. Au fur et à mesure de notre concentration et de la focalisation de notre conscience dans nos mains, nous accumulons les énergies venant de notre propre sphère et des autres espaces que nous avons sollicités dans nos mains, dans nos avant-bras et autour d'eux. Si on regarde l'aura de cette partie de notre corps, on voit comme un manchon lumineux entourant les mains et remontant parfois jusqu'aux coudes.

C'est cette énergie précieuse qui nous servira pour ressentir et réharmoniser l'aura que nous toucherons.

2)

Après quelques dizaines secondes du premier exercice, vous enchaînez avec un mouvement qui vous permettra de vous concentrer dans vos mains et de vous mettre plus aisément à leur écoute.

Cet exercice se pratique aussi soit debout, soit assis.

a)
- Mettez-vous dans l'écoute consciente.

b)
- Vos mains sont parallèles au corps à la hauteur du cœur.

c)
- Effectuez un mouvement de va-et-vient des deux mains en les rapprochant, puis en les éloignant l'une de l'autre. Au point le plus proche, elles sont à 40 - 50 cm l'une de l'autre.

d)
- Laissez ce mouvement s'assouplir et se décontracter jusqu'à ce que vous puissiez le faire sans effort.

e)
- Ressentez les réactions que ce mouvement déclenche dans vos mains.

f)
- Après quelques minutes, vous continuez le même mouvement, mais en rapprochant les mains. La largeur maximum est celle de vos bras parallèles au corps et vos mains se rapprochent jusqu'à 10 cm l'une de l'autre, sans se toucher.

g)
- Observez les nouvelles réactions dans vos mains.

h)
- Puis ajoutez au mouvement une légère rotation du poignet, les mains se trouvant à une vingtaine de centimètres l'une de l'autre.

i)
- Observez les nouveaux ressentis que vous donnent vos mains.

j)
Vous pouvez à présent reprendre l'exercice depuis le début en enchaînant les mouvements pour renforcer votre

concentration. Cette récapitulation peut être faite plusieurs fois de suite.

3)
Cet exercice nécessite la collaboration d'un partenaire. Il peut être pratiqué à la suite des deux précédents.

a)
- Frictionnez vos mains comme dans le premier exercice.

b)
- Vous vous placez. votre partenaire et vous, face à face. Vos mains sont face à face aussi, ouvertes, à la hauteur du cœur, les avant-bras contre la poitrine.
Effectuez un mouvement de va-et-vient en allant à la rencontre des mains qui sont face aux vôtres.

c)
- Ressentez les réactions dans vos mains.
Comparez-les aux précédentes.

d)
- Après avoir expérimenté pendant quelques minutes avec beaucoup de concentration et d'amour, commencez à faire pivoter vos poignets dans un mouvement rotatif pendant que les mains de votre partenaire restent immobiles.
Après quelques minutes, vous prenez le rôle passif pour laisser à l'autre la possibilité de faire la même expérience.
Restez concentré et très attentif aux informations que vous donnent vos mains.

4)
Cet exercice se pratique de nouveau seul.

a)
- Frottez vos mains l'une contre l'autre avec conscience.

b)
- Tenez vos mains, paumes tournées vers l'extérieur, devant vous, à la hauteur des épaules, les doigts tendus sans tension.

c)

- Commencez à avancer dans la pièce où vous vous trouvez. Vous allez ainsi à la rencontre d'informations d'un tout nouvel ordre ; les vibrations que vous contactez sont les ondes telluriques, radio, hertziennes, électriques, etc., qui nous environnent en permanence.

Ces ondes invisibles affectent notre champ vibratoire. Ici, l'expérience consiste à entrer dans la perception de ces vibrations à l'aide des mains qui agissent comme des radars et d'amener à la conscience les réactions que ce contact vous donne. Travaillez dans ce sens pendant cinq à dix minutes.

Cet exercice sert à affiner notre perception extra-sensorielle pour pouvoir entrer ensuite plus facilement en contact avec les auras de plus en plus subtiles entourant le corps physique humain. Il peut être pratiqué au départ les yeux ouverts, de préférence dans une pièce vide.

Ensuite, faites-le les yeux fermés, en veillant à ce qu'il n'y ait aucun obstacle dans votre espace. Le temps d'expérimentation reste le même qu'avec les yeux ouverts.

Lorsque vos yeux sont fermés, vous faites participer au ressenti l'intuition qui se libère et fonctionne pour vous guider.

Grâce à ces quatre exercices effectués dans l'ordre indiqué, vous procéderez à l'éveil progressif des énergies de nature cosmique dans votre sens du toucher.

Réceptivité des mains

Pour assurer une plus grande réceptivité de vos mains, vous pouvez procéder de la manière suivante :

a)

- Reliez-vous avec votre être véritable, visualisez une colonne de lumière diamant au-dessus de votre tête, qui pénètre en vous.

b)
- Frictionnez vos mains l'une contre l'autre dans cette colonne de lumière au-dessus de la tête.
Vous ressentirez une plus grande sensibilité et les énergies seront plus facilement présentes.

En pratiquant avec conscience ces exercices, vous développerez une plus grande perception extra-sensorielle de votre sens du toucher.

CHAPITRE 22

SOIGNER ET GUERIR L'AURA

Nous allons nous consacrer maintenant à établir un récapitulatif des différentes étapes pour parvenir à réharmoniser une aura.

Il est nécessaire avant tout de nous sentir capables d'aller jusqu'au bout de notre travail, d'avoir une foi totale dans nos possibilités, de faire confiance à notre intuition et nos ressentis, de ne pas hésiter à utiliser des livres pouvant nous aider à mener notre tâche à bien, surtout au début.

Même si, pour nous entraîner, nos premiers patients sont des amis, des membres de notre famille qui veulent bien nous aider et servir de cobaye, nous devons nous comporter avec eux comme avec un patient avec qui nous n'avons pas d'affinités, sinon nos ressentis risquent de ne pas être tout à fait justes et notre vigilance pourra s'altérer. Ce sont des comportements dont nous ne pourrons nous défaire que difficilement par la suite.

1)
- Avoir un patient.

2)
- Choisir une pièce suffisamment grande et dégagée, avec un mur lisse, blanc ou clair pour voir l'aura.

3)
- Installer la personne à trente centimètres du mur et ob-

server l'aura autour d'elle en fixant notre regard sur un point dans l'infini au-dessus de sa tête. Laisser venir à nous les informations de toutes sortes, enregistrer ces éléments avec soin, rester dans le lâcher prise constant pour que notre intuition puisse nous donner tous les éléments pour la guérison.

4)

- Nous pouvons maintenant continuer avec la perception du toucher, à moins que la lecture visuelle nous ait suffi. Dans ce cas, passer à l'étape suivante, sinon commencer notre perception, en effectuant une friction de nos mains dans la colonne de lumière que nous aurons installé auparavant au-dessus de notre tête.

Puis faire une approche de l'aura vitale tout autour du corps physique en notant tout nos ressentis.

Ensuite établir le contact avec l'aura émotionnelle en faisant une convention mentale pour isoler notre demande. Par exemple : « Je recherche l'aura émotionnelle de ... (citer la personne). » Cette convention permet d'isoler notre demande de toutes les informations que peuvent capter nos mains.

Effectuer un balayage soigneux sur toute la surface de l'aura, noter toutes les informations reçues dans la main.

Procéder de la même manière pour l'aura mentale.

Puis faire un bilan de toutes nos informations réunies.

déterminer le lieu de la cause, ainsi que toutes les disharmonies que nous aurons à réparer.

5)

- Nous installer avec notre patient dans un échange. Cet espace qui lui est réservé est fondamentalement important et nécessaire, surtout pour lui. Nous avons pris soin de faire notre diagnostic avant l'échange pour ne pas être influencé par ses propos.

Maintenant nous pouvons l'écouter, le laisser se raconter, nous expliquer pourquoi il est là, ses inquiétudes, ses espoirs, etc. Ensuite, nous allons essayer de l'emmener progressivement à retrouver la cause, l'origine de la perturbation qui a tout déclenché en lui, car pour permettre un résultat, il est important que notre patient puisse comprendre et intégrer la cause.

6)

- Après cette étape essentielle, lui proposer de le réharmoniser, en commençant par l'aura dans laquelle se trouve la cause.

(S'il ne nous a pas été possible de ressentir l'aura concernée, alors nous réharmoniserons systématiquement les trois auras, en commençant par l'aura émotionnelle, puis mentale et ensuite vitale).

Pour commencer par l'aura de la cause, nous nous remettons dans la périphérie de celle-ci.

Ensuite retrouver les endroits où nous avons ressenti des disharmonies (trous, creux, zébrures, etc.).

Puis utiliser un filtre coloré, par exemple en réintégrant dans la perturbation la vibration colorée appropriée selon l'aura, comme nous l'avons étudié dans le chapitre traitant des couleurs, en effectuant des circonvolutions rapides ou lentes dans cette lésion.

Vérifier avec notre main si la radiation couleur est suffisante, continuer jusqu'à ce que nous ne ressentions plus aucune manifestation disharmonieuse dans cet endroit.

Ensuite procéder ainsi pour tous les autres ressentis dans toutes les auras en utilisant les couleurs selon l'aura dans laquelle se situe la disharmonie.

- Jaune ou orange pour l'aura vitale,
- Magenta ou violet pour l'aura émotionnelle,
- Turquoise ou bleu pour l'aura mentale.

Ces couleurs sont les plus souvent utilisées et celles qui donnent les meilleurs résultats.

Lorsque nous aurons réharmonisé l'aura à partir de la cause, il s'avérera que la plupart des autres perturbations auront disparu, qu'elles soient dans la même enveloppe ou dans une autre.

7)
- Lorsque nous aurons vérifié que toutes les auras sont redevenues paisibles et sans disharmonies, alors notre travail est terminé dans l'instant.

Toutes les vibrations que nous avons intégrées dans l'aura seront transmises dans les corps subtils et dans le corps physique en vingt-quatre ou quarante-huit heures.

Notre patient pourra en ressentir les bienfaits immédiatement, mais il lui faudra un temps plus long pour que les effets de cette réharmonisation soient installés dans le corps concerné.

8)
- Il sera possible de vérifier dans quelques jours, auprès de notre patient, l'état de santé de son aura.

Ainsi nous commençons à contribuer au service à autrui dans le but de lui apporter une aide, avec les meilleurs moyens que nous pouvons lui offrir.

Alors qu'il nous soit toujours donné force et courage dans l'accomplissement de notre mission sur terre.

ANNEXE N° 1

NOURRIR L'AURA

Nous apportons de la nourriture à nos corps et à leurs auras à chaque instant. L'important est qu'elle soit saine pour qu'ils soient en parfaite santé.

Chacun de ces corps et auras se nourrit plus particulièrement de certains éléments composant la vie.

- Le corps physique se nourrit de protides, lipides, glucides, vitamines et sels minéraux.
- Le corps éthérique se nourrit de substances de lumière.
- Le corps émotionnel se nourrit de qualités et vertus des principes divins.
- Le corps mental se nourrit des idées, images et concepts des plans supérieurs.

Les corps et les auras étant étroitement liés, en nourrissant nos corps, nous nourrissons nos auras.

Chaque corps se nourrit en fait de particules de vie correspondant au plan auquel il appartient et utilise un mode de fonctionnement pour assimiler cette nourriture.

- Pour le corps physique, c'est la **mastication**, afin que tous les nutriments soient assimilables le plus parfaitement dans tout l'organisme. Une bonne mastication remédie à la mauvaise digestion, aux douleurs d'estomac, ballonnements, constipation, mauvaise haleine, etc.
- Pour le corps éthérique, c'est la **respiration,** qui permet d'assimiler les particules d'énergie-lumière, entretenant ainsi notre vitalité.
- Pour le corps émotionnel, c'est les **sentiments d'amour** qui entretiennent la vie à travers une recherche de plus en plus importante et l'intégration dans le quotidien des quali-

tés et expressions mettant en valeur l'Amour Divin dans nos propres sentiments.

- Pour le corps mental, c'est une **concentration** ferme et déterminée sur les idées et principes reçus au travers de notre intuition et de nos ressentis.

Pour les trois autres corps, nous nous laisserons pénétrer par une reconnaissance et un respect profonds envers le Créateur.

Aussi, lorsque nous nous alimentons par nos repas quotidiens, nous avons la possibilité de nourrir tous nos corps et leurs auras en adoptant :

- Une bonne mastication pour nourrir le physique.
- Des pauses pour respirer profondément afin de permettre au corps éthérique de retirer de la nourriture des particules plus subtiles.
- Des sentiments d'amour envers cette nourriture et ceux qui l'ont préparée nourrira le corps encore plus subtil de nos émotions.
- Enfin, une profonde gratitude et le plus grand respect de ce que nous mangeons apportera aux corps encore plus subtils leur nourriture.

ANNEXE N° 2

PROTEGER L'AURA

L'aura humaine peut être définie comme la *peau spirituelle* de l'homme. C'est un émetteur-récepteur. Sa réceptivité dépend de son état. Dans l'idéal, elle devrait être rayonnante et lumineuse.

Une personne équilibrée et harmonieuse peut entrer en contact avec toutes les vibrations environnantes sans en être perturbée.

La crainte, l'anxiété, la peur créent des portes par lesquelles les puissances obsessionnelles négatives peuvent entrer. Lorsque l'Amour est réellement présent, son rayonnement donne une aura invincible et invulnérable aux forces négatives. L'Amour est un océan dans lequel baigne tout l'Univers dont l'expression est la Lumière.

Aimer, c'est donner la lumière de votre propre âme.

L'Amour est le grand dissolvant de toutes les difficultés, de tous les problèmes, de toutes les négativités.

Les résistances négatives à la polarité positive de l'Amour sont des illusions, des mirages construits par la pensée collective de l'humanité. Aussitôt que nous laissons tout cela, que nous décidons que c'est sans intérêt pour nous, ces négativités disparaissent comme le brouillard au soleil.

Laissons l'amour gouverner notre cœur et notre vie et surtout n'ayons pas peur.

L'Amour véritable n'est pas compréhensible à notre niveau de conscience, mais il se manifeste à nous à travers ces multiples facettes que sont les qualités et vertus comme la miséricorde, la tolérance, le pardon, la compréhension, la patience, le respect, etc.

Nous pouvons toujours nous protéger, nous prémunir contre ceci ou cela, mais ce sera toujours chercher une cause à l'extérieur de nous.

Nous préférons souvent nous placer dans le rôle de la victime plutôt que de chercher à l'intérieur de nous-mêmes les raisons de ce qui ne va pas.

Nous créer une protection peut nous tenter et être efficace. Elle nous protégera en effet contre tout ce qui est négatif, mais aussi elle ne laissera plus rien entrer ni sortir de son périmètre. Cela nous sépare du reste du monde.

Nous devons nous rappeler qu'aucune force négative ne peut pénétrer dans notre aura sauf si cette dernière contient déjà l'image de cette force.

C'est souvent cette présence d'une pensée ou d'un désir négatif qui permet à ces forces de faire irruption dans notre aura.

- La meilleure forme de protection consiste à entrer consciemment en relation avec l'Etre Véritable, la force du « JE SUIS ».

- La meilleure façon de purifier l'aura consiste à travailler avec les qualités d'Amour et les puissances de la Lumière.

Dès que nous nous sentons fragilisés et agressés, faisons appel aux forces de lumière de notre Soi Divin, la Présence Divine « JE SUIS ».

Même s'il nous semble que cela n'est pas efficace, la puissance de la lumière a déjà agi. Restons concentrés et très déterminés dans notre image-pensée, le reste est accompli.

Nous absorbons quotidiennement la lumière dans nos corps et auras. Lorsque nous pensons à elle, elle est présente, que nous nous en rendions compte ou non.

Si nous mobilisons nos énergies et nos pensées en nous concentrant sur la lumière, que nous la dirigeons ensuite dans toutes les parties de notre corps, cela se fait immédiatement et nous nous sentons différents.

Cela agit puisque nous l'avons voulu ainsi.

BIBLIOGRAPHIE

- Dictionnaire des symboles - J. Chevalier et A. Gheebrant
Ed. Robert Laffont.
- Pour une médecine de l'âme - M. de Surany
Ed. Guy Trédaniel.
- L'aura, le corps de lumière - D. Tansley
Ed. Albin Michel.
- Les robes de lumière - A. et D. Meurois Givaudan
Ed. Arista.
- Le Kybalion - Trois Initiés
Ed Perthuis.
- L'amour universel - P. Deunov
Ed. Le Courrier du Livre.
- Traité d'ayurvéda - G. Edde
Ed. Guy Trédaniel.
- La deuxième naissance - Omraam Mikhaël Aïvanhov
Ed. Prosveta.
- Développement spirituel - Aigle Blanc
Ed. Partage.
- Méditations guidées par les couleurs - J.-C. Nobis
Ed. Recto-Verseau.
- Le tarot des couleurs - P. et J.-C. Nobis
Ed. Recto-Verseau.

***

Pour tout approfondissement sur l'aura et les couleurs (cours, stages, etc.), veuillez écrire à l'Auteur :

Jean-Claude Nobis - B.P. 29 - 38291
La Verpillière Cédex (France)

Chez le même éditeur
extrait du catalogue

REIKI, FORCE UNIVERSELLE DE VIE
(Barbara Chinta Strübin)
La théorie et la pratique détaillée du reiki. L'énergie universelle passe à travers le canal de nos mains. Plus nous la transmettons, plus nous en avons à notre disposition pour venir en aide aux gens, aux animaux, aux plantes, et même aux choses et aux situations.

L'AUTOTRAITEMENT EN REIKI (Danielle Tonossi)
C'est la grâce de se guérir soi-même, l'art de guérir le plus naturel qui soit.

L'ESPRIT DU REIKI (Fran Brown)
Comment vivre en accord avec les idéaux spirituels du reiki. L'enseignement de Hawayo Takata, premier maître de reiki.

MEDITATIONS GUIDEES
AVEC LES CRISTAUX (Docteur Jean-Luc Ayoun)
Les cristaux sont des antennes cosmiques permettant d'accéder à des sources de pouvoir et des connaissance à travers les dimensions. Des thèmes fascinants sont proposés à votre exploration.

PRATIQUE DU VOYAGE ASTRAL (Janine Mora)
Comment rester conscient pour s'en souvenir, le contrôler et découvrir ainsi la face cachée de notre réalité.

GUERISON SPIRITUELLE ET ENERGETIQUE
principes et pratiques taoïstes (Gérard Edde)
En développant l'énergie vitale dans votre propre corps, vous préparez aussi le travail de guérison sur autrui et vous développez la capacité d'utiliser les forces naturelles et spirituelles de l'univers.

VIVRE AVEC LES COULEURS (Janine Mora)
Leur influence psychologique, thréapeutique, dans l'habillement, l'environnement et des "couleurs-tests".

Catalogue complet sur simple demande